Taschen-Lust

Taschen-Lust

Fabelhafte Modelle zum Selbermachen

Clare Youngs

Bassermann Inspiration

ISBN 978-3-572-08004-5

1. Auflage

Die englische Originalausgabe erschien erstmals 2009 bei CICO Books, einem Imprint von Ryland Peters & Small Ltd, unter dem Titel *The Perfect Handmade Bag*

Illustrationen: Kate Simunek

Fotos: Carolyn Barber und Emma Mitchell

Projektleitung dieser Ausgabe: Dr. Iris Hahner

Umschlaggestaltung: Schwecke-Müller, Atelier Versen, Bad Aibling

Übersetzung: SAW Communications Mainz, Sonja Häußler

Redaktion und Producing: SAW Communications, Redaktionsbüro Dr. Sabine A. Werner, Mainz

Herstellung: Sonja Storz

Verlagsgruppe Random House FSC® N001967

FSC www.fsc.org MIX Papier aus verantwortungsvollen Quellen FSC® C104723

Druck und Bindung: Toppan Printing Co. Ltd.

Printed in China

Inhalt

Einleitung

Die meisten von uns haben eine ganze Auswahl an Handtaschen, Einkaufstaschen und anderen Taschen, die uns durch unseren hektischen Alltag begleiten. Taschen sind nicht nur dazu da, all die Kleinigkeiten, die man so braucht, zu transportieren, sondern setzen auch modische Akzente. Jede Tasche, die man bei sich trägt, spiegelt den eigenen Stil wider.

Mode kommt und geht – die großen Modedesignhäuser ändern jede Saison den Look. Heutzutage kann man sogar mit gefälschten Designerhandtaschen ein Millionengeschäft machen. Dieses Buch soll zeigen, wie man eine ganze Palette schicker Taschen herstellen kann – von modernen, geräumigen Taschen fürs Wochenende bis hin zu schmucken kleinen Abendhandtaschen und bezaubernden eimerförmigen Taschen für Kinder. Darüber hinaus bestehen diese Taschen aus Materialien, die Sie bereits haben, weshalb sie so gut wie nichts kosten. Verwandeln Sie ein Geschirrtuch in eine flotte Einkaufstasche oder einen Kartoffelsack in eine stylische, originelle Umhängetasche. Im Nu können Sie eine alte Decke, einen einzelnen Handschuh und ein paar Schnipsel von alten Klamotten in eine faszinierende, einzigartige Handtasche verwandeln.

Die Projekte machen Spaß und sind überhaupt nicht schwierig. Mit klaren Schritt-für-Schritt-Anleitungen macht dieses Buch Lust zu experimentieren und befähigt Sie, praktische und schöne Taschen für sich selbst, ihre Familie und ihre Freunde herzustellen.

ACHTUNG: Bei den Maßen ist immer zuerst die Breite angegeben. Nicht verwechseln!

Material

Eine Tasche kann man aus praktisch allem herstellen – die Möglichkeiten sind wirklich unendlich. Während der Recherchen zu diesem Buch las ich über einen Jungen, der sich einen Rucksack aus einem ausgeweideten alten Computer gebastelt hat. Seine Kreativität verdient Hochachtung, auch wenn ich nicht glaube, dass der Rucksack besonders praktisch gewesen sein kann!

Für alle Taschen in diesem Buch wurden andere Dinge wiederverwertet. Kleider und Accessoires stellen hierbei die wichtigste Quelle dar. Abgesehen von Kleidung sollten Sie alles Mögliche in Betracht ziehen, was zu Hause so herumliegt – von alten Vorhängen, Tischdecken und Servietten bis hin zu Taschentüchern, Geschirrtüchern und sogar dünnen Läufern und Decken. Halten Sie auf Flohmärkten und in Secondhandläden die Augen offen. Hier lassen sich alte Taschen finden, die man zerlegen kann, um Henkel, Einlagen oder Schnallen zu gewinnen.

Bevor Sie alte Kleider wegwerfen, die zu abgetragen sind, um in einen Secondhandladen gebracht zu werden, bewahren Sie Reißverschlüsse, Knöpfe, Bänder, Futterstoffe und alles andere auf, was vielleicht eines Tages nützlich sein kann. Behalten Sie zerrissene Halsketten und Schleifen von Verpackungen. Bewahren Sie Stoffreste auf, um sie für Patchwork oder Labels zu verwenden. Ein einzelner Handschuh liefert ohne Weiteres genügend Stoff für eine Applikation.

Suchen Sie an den unwahrscheinlichsten Orten nach Material. In Garage oder Schuppen finden sich vielleicht Plastikplanen oder Netze. Hinten im Garderobenregal verbergen sich vielleicht Schals, die Sie ganz vergessen haben. Benutzen Sie, was immer Sie finden, experimentieren Sie. Viel Spaß beim Kreativsein! Was immer dabei herauskommt – es wird etwas Originelles und Einzigartiges sein.

Handtaschen

Handtasche mit Holzgriffen

Halten Sie in Secondhandläden und auf Flohmärkten Ausschau nach Taschen mit Holzgriffen. Auch wenn die Tasche an sich schon alt und abgetragen ist, sind die Griffe wahrscheinlich noch gut erhalten. Den alten Stoff abzuschneiden und eine neue Tasche an diesen Griffen zu befestigen dauert nur wenige Minuten, aber das Ergebnis ist brandneu und stylisch.

MATERIAL

2 Stoffteile und 2 Futterstoffteile, jeweils etwa 56 x 33 cm

1 Seitennaht-Label (s. S. 121)

passender Nähfaden

1 Paar Holzgriffe

1 Runden Sie die beiden unteren Ecken jedes Stoffteils mithilfe der Vorlage auf Seite 122 ab. Legen Sie die beiden Stoffteile rechts auf rechts aufeinander. Stecken und heften Sie an beiden Seitenrändern, um die Rundungen und am unteren Rand 1,5 cm von der Kante entfernt, wobei sie an beiden Seiten oben 7,5 cm offen lassen. Verfahren Sie mit den beiden Futterstoffteilen ebenso, aber hier am unteren Rand eine 10 cm lange Öffnung in der Naht lassen. Schneiden Sie an dem Punkt, an dem die Seitennaht des Futterstoffs beginnt, 1,5 cm in die Nahtzugaben ein. Drehen Sie das Futter auf rechts.

2 Das Futter rechts auf rechts in den Hauptstoff stecken. An einer Seitenkante, über den Einschnitten, das Label nach innen zeigend einfügen und feststecken. An den noch offenen Stellen der Seitenkanten die Vorderseite des Hauptstoffs an der des Futters feststecken. 1,5 cm breit steppen, um die Ecken nähen, am hinteren Teil wiederholen. Den Hauptstoff durch die Öffnung im Futter ziehen; die Kanten der Öffnung nach innen schlagen, feststecken und mit dem Überwendlingsstich zunähen.

3 Den Hauptstoff so in das Futter stecken, dass die Tasche auf links gedreht ist. Eine der oberen Kanten so über einen Griff schlagen, dass die linken Seiten aufeinanderliegen, 2,5 cm vom Griff entfernt feststecken. Den Stoff zusammenschieben, damit er auf dem Griff Platz hat, dann heften, festnähen und dabei glätten; den genähten Teil bündeln. An beiden Enden von Hand einige Stiche machen, um den Stoff unter dem Griff fest zu verbinden. Wiederholen Sie das Ganze mit dem anderen Griff. Wenden Sie die Tasche auf rechts, und bügeln Sie sie.

Tasche mit Rüschenrand

Eine Tasche mit dem gewissen Etwas – die frechen Rüschen am oberen Rand verleihen ihr einen lustigen, kecken Look. Das hübsche Paisleymuster auf dem Baumwollstoff ist ideal für eine sommerliche Tasche. Sie können auch eine Winterversion aus einem schwereren Stoff anfertigen.

MATERIAL

- 2 Stoffteile und 2 Futterstoffteile, je 63 x 43 cm, für Vorder- und Rückseite
- 2 Stoffteile, je 63 x 16,5 cm, für die Rüschen
- 1 Seitennaht-Label (s. S. 121)
- 2 Stoffteile, je 5 x 51 cm, für die Henkel
- Passender Nähfaden
- 2 Stücke Gummischlauch oder Plastikseil, Durchmesser: ca. 7 mm, Länge: 49 cm

1 Runden Sie die unteren Ecken von Vorder- und Rückseite mithilfe der Vorlage auf S. 122 ab. Legen Sie Vorder- und Rückseite des Hauptstoffs rechts auf rechts, und stecken Sie sie zusammen. Nähen Sie sie an den Seiten, um die abgerundeten Ecken und an der Unterseite mit 1,5 cm Nahtzugabe zusammen. Lassen Sie dabei oben an den Seiten 14 cm offen.

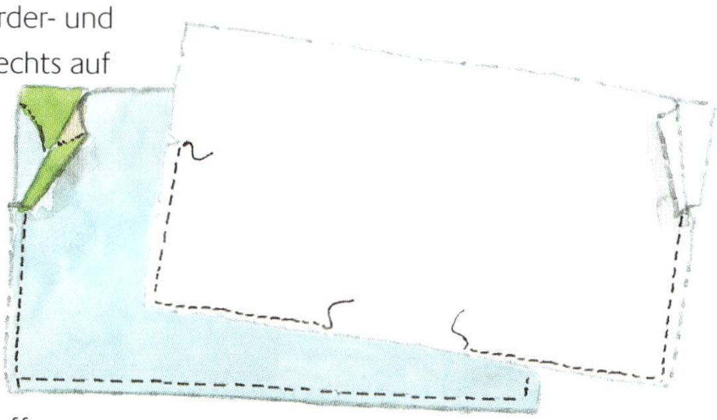

Schneiden Sie an den Rundungen die Nahtzugaben ein. Bügeln Sie die Nahtzugaben auseinander. Drehen Sie die Tasche auf rechts. Wiederholen Sie das Ganze mit dem Futter. Lassen Sie dabei an der Unterseite einen 10 cm langen Abschnitt offen. Schneiden Sie an den Stellen, an denen die Naht beginnt bzw. endet, 1,5 cm in die Nahtzugabe.

2 Schlagen Sie an einer langen Seite und den beiden kurzen Seiten jeder Rüsche zunächst 5 mm, dann weitere 1 cm um. Bügeln, feststecken und nähen. Legen Sie die unversäuberten Kanten der einen Rüsche und des oberen Randes des Hauptstoffes aufeinander, sodass sowohl die Rüsche als auch das Vorderteil mit der rechten Seite nach oben liegen und die gesäumten Enden jeweils den gleichen Abstand von den Seitenkanten der Tasche haben. 1,2 cm von der Oberkante entfernt anheften. Befestigen Sie auf die gleiche Weise die andere Rüsche oben an der Rückseite.

3 Wenden Sie den Hauptstoff auf links, lassen Sie das Futter aber mit der rechten Seite nach außen. Schieben Sie das Futter in den Hauptstoff, rechts auf rechts, dazwischen die Rüsche. Stecken Sie an den offenen Stellen der Seitenkanten die Vorderseite des Futters auf der Vorderseite des Hauptstoffs fest und die Rückseite des Futters an der Rückseite des Hauptstoffs. Schieben Sie dabei die Rüschen aus dem Weg. Fügen Sie an einer dieser Kanten ein Label ein, sodass es nach innen zeigt. Beginnen Sie 3,5 cm von der oberen Saumlinie entfernt mit einem Abstand von 1,5 cm zur Kante zu nähen. Achten Sie darauf, nicht durch die Rüsche zu nähen. Bügeln Sie die Nahtzugaben auseinander.

4 Stecken Sie die Vorderseite des Futters an der Vorderseite des Hauptstoffs und die Rückseite des Futters an der Rückseite des Hauptstoffs an den oberen Kanten fest. Schlagen Sie dabei die Nahtzugaben der Seitennähte um. 1,5 cm breit steppen.

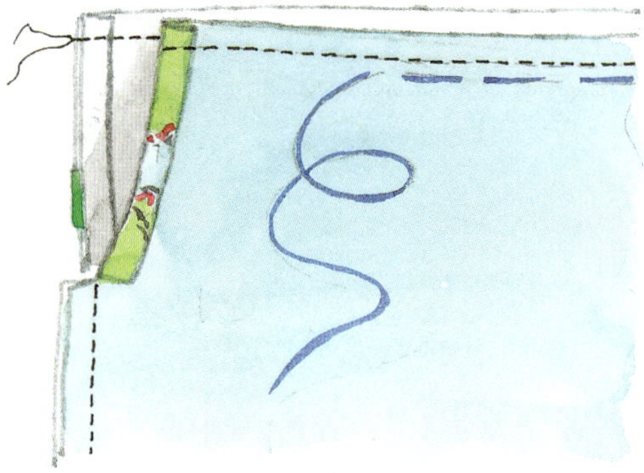

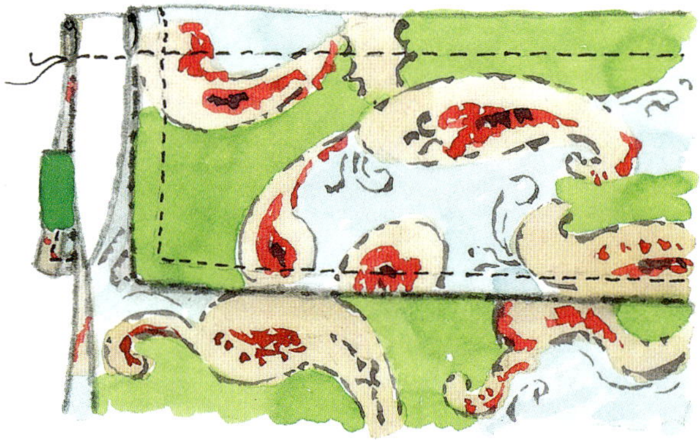

5 Wenden Sie die Tasche durch die Öffnung im Futter. Schlagen Sie die Ränder der Öffnung um, stecken Sie sie fest, und nähen Sie sie mit dem Überwendlingsstich zu. Schieben Sie das Futter nach unten in die Tasche, und bügeln Sie den oberen Rand. Stecken und steppen Sie vorne und hinten vom oberen Rand und parallel dazu 2 cm ab, stechen Sie dabei durch den Hauptstoff, die Rüsche und das Futter, sodass an Vorder- und Rückseite ein Schlauch entsteht.

6 Schlagen Sie 1 cm an jeder langen Seite des einen Henkels ein, und bügeln Sie den Stoff um. Falten Sie ihn der Länge nach, links auf links, und bügeln Sie ihn. Stecken Sie ihn dicht an der langen Kante fest, und nähen Sie ihn zusammen. Schieben Sie eines der Gummischlauchstücke bzw. Plastikseile durch den Stoffschlauch. Wiederholen Sie dies mit dem anderen Henkel, und fädeln Sie dann diese umhüllten Henkel durch die Schläuche an der Vorder- und Rückseite der Tasche.

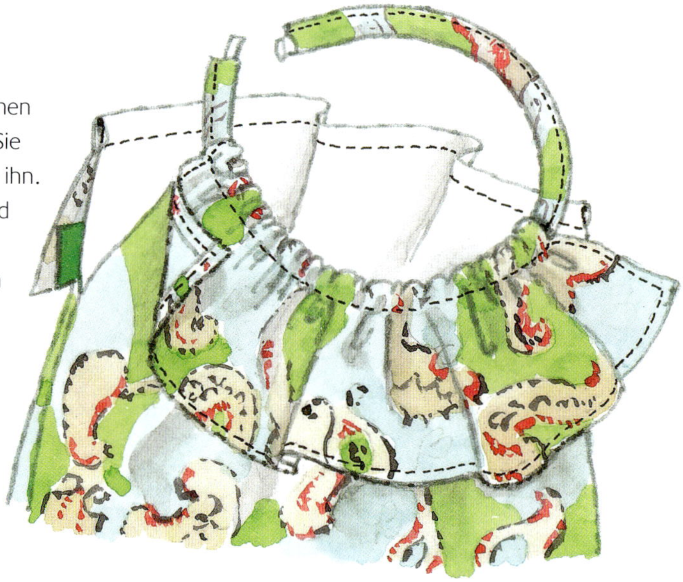

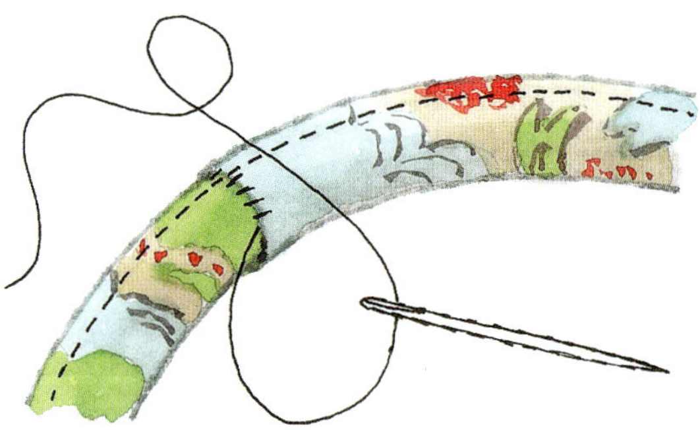

7 Um die beiden Enden eines jeden Henkels zu verbinden, schlagen Sie die unversäuberte Kante an einem Ende des Henkels um, und schieben Sie das andere Ende hinein. Nähen Sie die beiden Enden mit dem Überwendlingsstich zusammen. Lassen Sie die Henkel so in den Taschenschlauch rutschen, dass die Nähte innen im Schlauch versteckt sind. Nähen Sie an jeder Seitennaht direkt unter jedem Henkel ein paar Stiche von Hand, um sie zu befestigen.

Filztasche mit Blume

Hier ist eine weitere Tasche, die aus der Not eine Tugend macht. Sie besteht aus einem Pullover, den ich selbst gefilzt habe. Da die Wolle beim Filzen so stark eingeht, habe ich sie aus einzelnen Stücken zusammengesetzt. Die nach außen gesetzten Nähte verleihen der Tasche einen modischen Look und ein interessantes Design. Außerdem ist die Tasche praktisch, weil sie sich nicht verheddert. Die Blume besteht aus demselben Filzstoff und ist abnehmbar, sodass man sie bei Bedarf auch an etwas anderem befestigen kann.

MATERIAL

- 4 Futterstoffteile, je 15 x 26 cm
- 1 Futterstoffteil, 20 x 10 cm
- 1 gefilzter Wollpullover (s. S. 116)
- 1 Seitennaht-Label (s. S. 121)
- passender Nähfaden
- 2 große Sicherheitsnadeln

1 Schneiden Sie die Seiten der vier Futterstoffstücke schräg zu, sodass sie oben 15 cm und unten 11,5 cm breit sind – bei einer Höhe von 26 cm. Schneiden Sie mithilfe der ovalen Vorlage auf S. 122 aus dem restlichen Stück Futterstoff einen Boden zu. Schneiden Sie aus dem Pullover vier Teile und einen Boden aus, welche die gleiche Größe haben wie die Futterstoffteile. Stecken Sie zwei der Wollstoffstücke an den Seitenkanten zusammen, und nähen Sie sie 5 mm breit aneinander. Nähen Sie auf diese Weise alle vier Wollstoffstücke an den Seiten zusammen, und fügen Sie dabei gleich das Label in eine der Nähte ein (sodass es nach außen zeigt). Stecken Sie die Stücke mit der rechten Seite nach außen am Boden fest. Nähen Sie 5 mm breit einmal rundherum. Schlagen Sie dann oben an der Tasche einen Rand von 1,5 cm ein, und bügeln Sie ihn um. Verfahren Sie auf die gleiche Weise mit dem Futter, nähen Sie die Teile dabei aber rechts auf rechts zusammen.

2 Schneiden Sie für die beiden Henkel eine doppeltbreite Länge entlang der Falte des Pulloverbündchens ab, 2,5 x 40 cm. Stecken Sie die beiden Kanten des einen Henkels zusammen, und steppen Sie sie dicht am Rand; verfahren Sie mit dem anderen Henkel ebenso. Stecken Sie die Enden des einen Henkels oben an der Innenseite des Hauptstoffs fest, 6 cm von den Seitennähten entfernt, sodass die Enden des Henkels die Oberkante der Tasche um etwa 1,5 cm überlappen; heften Sie den Henkel fest. Befestigen Sie auf der Rückseite den zweiten Henkel auf die gleiche Weise. Stecken Sie das Futter in den Hauptstoff, wobei der Hauptstoff auf rechts und das Futter auf links gewendet ist. Legen Sie die Nähte aufeinander, stecken Sie am oberen Rand der Tasche die umgeschlagenen Ränder des Hauptstoffs mit denen des Futters zusammen, sodass die Henkel dazwischenliegen; steppen Sie Futter und Hauptstoff 5 mm vom oberen Rand entfernt zusammen.

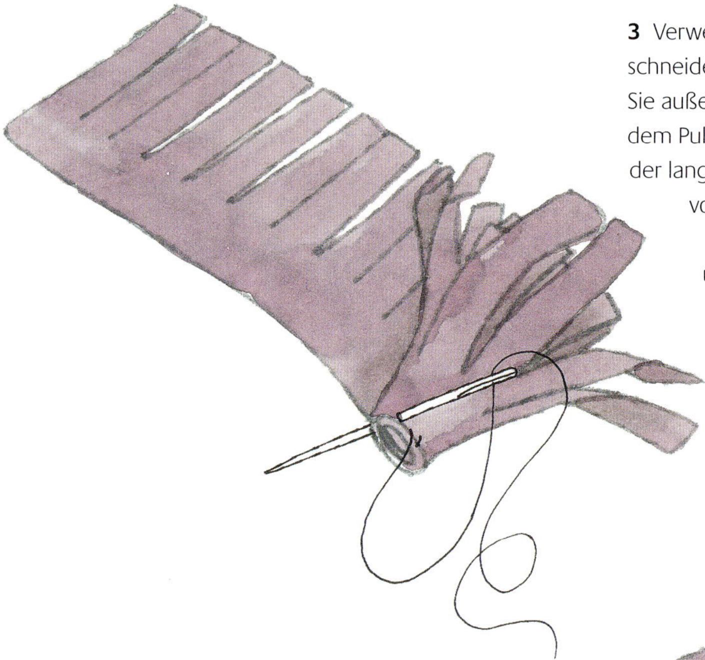

3 Verwenden Sie für die Blume die Blütenblatt-Vorlage auf S. 122; schneiden Sie aus dem Pullover neun Blütenblätter aus. Schneiden Sie außerdem ein 12 x 3,5 cm und ein 20 x 5 cm großes Stück aus dem Pulli aus. Stellen Sie daraus Fransen her, indem Sie an einer der langen Kanten in 3 – 5 mm Abstand parallele Einschnitte vornehmen, die 1 cm vor der gegenüberliegenden Kante enden. Rollen Sie den kleineren Fransenstreifen eng ein, und nähen Sie dabei immer wieder durch die Basis. Wenn Sie den kleinen Fransenstreifen eingerollt haben, fahren Sie mit dem größeren Streifen fort – legen Sie seine Basis passgenau um die des kleineren Streifens, und nähen Sie weiterhin beim Einrollen durch die Basis.

4 Nähen Sie die Blütenblätter um die Basis, sodass sie sich überlappen. Legen Sie zwei Sicherheitsnadeln auf die Basis, und befestigen Sie sie, indem Sie einen kleinen Kreis aus Wollstoff daraufnähen. Befestigen Sie die Blume mit den Sicherheitsnadeln an der Tasche.

Variation

Beim Zusammenstellen der Blume kann auch mit verschiedenen Kontraststoffen gearbeitet werden – es sieht hübsch aus, wenn sich die Farben der Blütenblätter abwechseln. Machen Sie die Fransenstreifen kürzer, schneiden Sie dann dieselbe Länge in einer anderen Farbe aus, und nähen Sie die beiden Streifen zusammen, bevor Sie anfangen, die Fransen einzurollen.

Tasche mit Applikationen

Diese Tasche verleiht einem grauen Wintertag einen bunten Farbtupfer. Ich habe dafür dicken gefilzten Wollstoff von einem Mantel verwendet und für die applizierten Blütenblätter kleine Reste von einem dünnen gefilzten Wollstoff. Das Schöne an gefilztem Wollstoff ist, dass die Nähte nicht ausfransen.

MATERIAL

- verschiedenfarbige Reste von gefilztem Wollstoff oder Fleece
- 1 dicker gefilzter Wollstoff 31 x 69 cm für Vorder- / Rückseite
- 2 Teile aus dünnem gefilztem Wollstoff, je 24 x 10 cm, für das Futter
- 1 Seitennaht-Label (s. S. 121)
- passender Nähfaden

1 Schneiden Sie mithilfe der Blütenblatt-Vorlage auf S. 122 aus den dünnen Wollstoff- oder Fleece-Resten 12 Blütenblätter zu. Ordnen Sie die Blütenblätter auf der oberen Hälfte der rechten Seite von Vorder- / Rückseite an. Stecken und heften Sie sie fest, und steppen Sie dann dicht am Rand entlang.

2 Stecken Sie an jedem Ende von Vorder-/Rückseite eines der Futterstoffteile links auf links, Kante auf Kante, fest, sodass es sich in der Mitte der beiden Seitenkanten befindet. Heften und steppen Sie dann dicht an beiden langen Kanten des Futters entlang. Zeichnen Sie mithilfe der Vorlage auf S. 122 den ausgeschnittenen Umriss für den Griff auf die Mitte des einen Futterteils. Schneiden Sie die Form des Griffes aus, und steppen Sie sie dann dicht an der Kante entlang. Falten Sie jetzt die Vorder-/ Rückseite der Breite nach links auf links, sodass die Kanten aufeinanderliegen, und markieren Sie das ausgeschnittene Oval für den Griff auf dem Futter auf der anderen Seite. Klappen Sie den Stoff wieder auf, und ziehen Sie den Umriss mithilfe der Vorlage nach. Schneiden Sie das Oval für den zweiten Griff aus, und verfahren Sie mit ihm wie auf der anderen Seite.

3 Falten Sie nun Vorder-/Rückseite der Breite nach rechts auf rechts, sodass die unversäuberten Kanten aufeinanderliegen; stecken Sie die Seitenkanten zusammen. Fügen Sie in eine der Seitennähte ein Label so ein, dass es nach innen zeigt. Nähen Sie die Tasche seitlich mit 5 mm Kantenabstand zu, und wenden Sie sie auf rechts.

4 Schieben Sie die Naht an beiden Seiten nach innen, sodass an der Seitenkante eine doppelte Falte entsteht. Oben sollte die Naht 3 cm von den Falten entfernt sein; dieser Abstand sollte sich nach unten hin allmählich verkleinern, sodass die Naht unten nicht mehr nach innen geschoben ist. Bügeln Sie die Falten fest. Entfernen Sie die Heftfäden.

Zweifarbige Tasche mit Stickereien

Zu dieser schicken, dezenten Tasche mit zwei Beigetönen auf der Vorder- und den zwei Grautönen auf der Rückseite habe ich mich von einem japanischen Modell inspirieren lassen. Mit ganz einfachen Stichen, wie dem Knötchenstich, kann man wunderschöne grafische Muster zaubern. Um zu variieren, kann man auch andere einfache Formen (zum Beispiel ein Herz, einen Stern, eine Spirale oder eine Blume), bunte Farben, andere Griffe, andere Stiche verwenden – die Variationsmöglichkeiten sind unendlich.

MATERIAL

- 2 Teile gefilzten Wollstoff in unterschiedlichen Farben und 2 Teile Futterstoff, jeweils 31 x 27,5 cm
- Gobelingarn in den Farbtönen des gefilzten Wollstoffs
- 1 Seitennaht-Label (s. S. 121)
- Reste des Futterstoffs für Schlaufen, mit denen die Griffe befestigt werden (optional)
- passender Nähfaden
- 1 Paar Holzgriffe mit Löchern an den Enden
- Kreidestift oder Stoffmarker, der verblasst

1 Schneiden Sie die Seiten eines der Futterteile so zu, dass es oben 31 cm, unten 22,5 cm breit und 27,5 cm hoch ist. Verwenden Sie dieses Teil als Muster, um das andere Futterteil und die beiden Wollstoffe zuzuschneiden. Zeichnen Sie mit dem Stoffmarker einen Kreis in die Mitte jedes Wollstoffteils. Die Kreise auf dieser Tasche haben einen Durchmesser von je 13 cm, aber Sie können die Größe auch ändern.

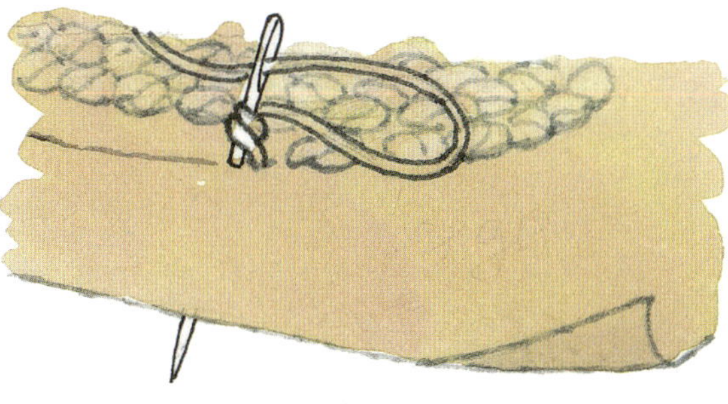

2 Beginnen Sie in der Mitte des Kreises mit einem Knötchenstich. Hierfür stechen Sie mit der Nadel von unten nach oben durch den Stoff, wobei Sie auf der Rückseite 15 cm Faden hängen lassen. Halten Sie mit der Hand, die nicht die Nadel hält, den Faden mit Zeigefinger und Daumen fest, und wickeln Sie die Nadelspitze zweimal um den Faden. Stechen Sie mit der Nadel dann wieder an der Stelle ein, an welcher der Faden herausgekommen war, und ziehen Sie die Nadel so durch den aufgewickelten Faden, dass dieser oben auf dem Stoff bleibt. Schieben Sie die Nadel ganz durch den Stoff. Sticken Sie dicht nebeneinander weitere Knötchen, bis Sie den ganzen Kreis ausgefüllt haben. Zum Abschluss vernähen Sie das Fadenende in den Stichen auf der Rückseite des Stoffes und schneiden es dann dicht am Stoff ab. Fädeln Sie das Fadenende vom Anfang auf eine Nadel, und vernähen Sie es auf dieselbe Weise.

3 Wiederholen Sie Schritt 2 auf dem anderen Wollstoffteil. Legen Sie dann Vorder- und Rückseite des Wollstoffs rechts auf rechts, und stecken Sie die Teile seitlich und unten zusammen. Fügen Sie dabei ein Label in die Naht ein, das nach innen zeigt. Steppen Sie 1,5 cm breit, drehen Sie das Stoffstück beim Nähen an den Ecken. Schneiden Sie dann die Ecken der Nahtzugaben ab. Bügeln Sie die Nähte auseinander. Schlagen Sie an der oberen Kante 1,5 cm ein, und bügeln Sie den Rand um. Verfahren Sie mit dem Futterstoff auf dieselbe Weise. Stecken Sie das Futter in den Wollstoff, wobei der Wollstoff auf rechts und das Futter auf links gedreht sein muss. Stecken Sie das Futter an den umgeschlagenen Oberkanten am Wollstoff fest.

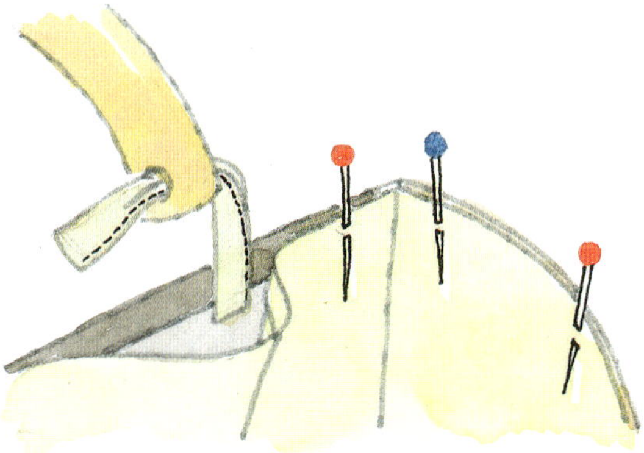

4 Fertigen Sie vier Schlaufen aus Futterstoff an (s. S. 36, Schritt 4), und fädeln Sie sie durch die Löcher an den Enden der Griffe. Stecken Sie nun die Schlaufen zwischen Tasche und Futter, um den einen Henkel auf der Vorderseite und den anderen an der Rückseite zu befestigen. Lassen Sie dabei die Enden der Schlaufen die Taschenkante um 1,5 cm überlappen; die Enden der Schlaufen sollten jeweils etwa 1,2 cm voneinander entfernt sein. Stecken und heften Sie die Schlaufen fest.

5 Wenn Ihr Material nicht allzu dick ist, können Sie alles entlang der Oberkante zusammensteppen. Der Stoff, den ich verwendet habe, war dafür zu dick, deshalb habe ich das Futter mit dem Überwendlingsstich befestigt und dann die beiden Enden aller vier Griffschlaufen fest von Hand aufgenäht; hierfür habe ich zum Wollstoff passendes Gobelingarn verwendet.

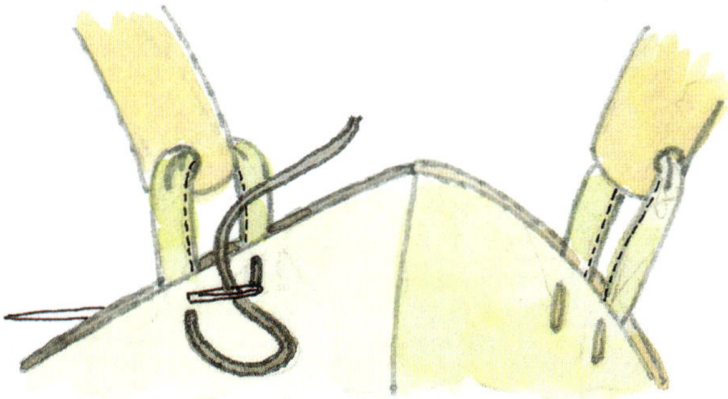

Variation

Das Beste am Knötchenstich ist, dass es unendlich viele Variationsmöglichkeiten gibt. Hier wurde eine einfache Herzform abgebildet, wobei jedes Knötchen in einer anderen Farbe gefertigt wurde, sodass ein lustiger bunter Look entsteht. Skizzieren Sie ein paar eigene Ideen, und sticken Sie sie auf Ihre Tasche – so wird daraus etwas ganz Individuelles.

Tweedtasche mit Seidenschalhenkel

Der Look dieser weichen Handtasche lässt sich ganz einfach ändern, indem man den Schal, der hier als Henkel dient, auswechselt. Die Tasche besteht aus dem dicken Tweedstoff eines alten Mantels und ist ideal für den Winter. Aus Leinen oder Baumwolle und einem Schal mit Blumenmuster lässt sich aber auch eine hübsche Sommerversion davon anfertigen.

MATERIAL

2 Teile Tweedstoff und
2 Futterstoffteile, jeweils 42 x 17 cm, für obere Vorder- und Rückseite

2 Teile Tweedstoff und
2 Futterstoffteile, jeweils 54 x 35 cm, für untere Vorder- und Rückseite

1 Seitennaht-Label (s. S. 121)

passender Nähfaden

langer Seidenschal

1 Schneiden Sie mithilfe der Vorlagen auf S. 123 die oberen und unteren Vorder- und Rückseiten in Form. Stecken Sie die obere Vorderseite und die obere Rückseite an den schmalen oberen Rändern rechts auf rechts zusammen; steppen Sie 1 cm breit. Verfahren Sie mit der oberen Vorder- und Rückseite des Futters genauso. Bügeln Sie die Nähte auseinander.

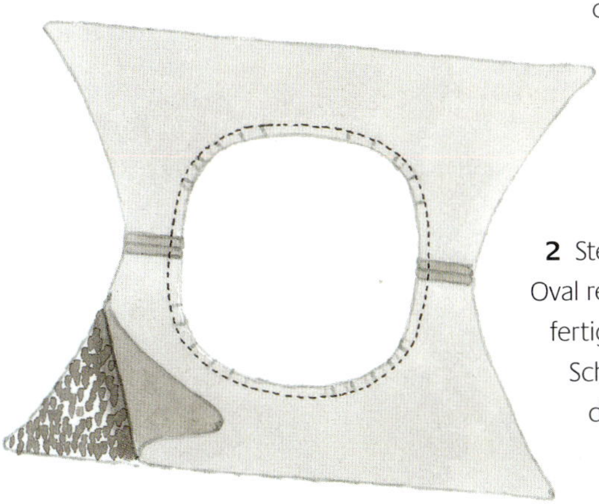

2 Stecken Sie das Futter rund um das Oval rechts auf rechts auf den Tweed; fertigen Sie eine 1 cm breite Naht. Schneiden Sie an den Rundungen in die Nahtzugabe ein.

3 Wenden Sie den oberen Teil der Tasche auf rechts, und bügeln Sie ihn. Schlagen Sie an den geschwungenen Kanten von Tweed und Futter je 5 mm ein, und stecken Sie sie fest; steppen Sie dicht an den geschwungenen Kanten entlang. Steppen Sie um das Oval. Heften Sie Tweed und Futter an den unversäuberten Kanten zusammen.

4 Stecken Sie nun untere Vorder- und Rückseite des Tweeds seitlich und unten rechts auf rechts zusammen. Fügen Sie dabei ein Label in die Naht ein, sodass es nach innen zeigt. Nähen Sie 1 cm breit um die gesamte Rundung. Stecken und nähen Sie Vorder- und Rückseite des Futters auf dieselbe Weise zusammen. Schlagen Sie an den unversäuberten Kanten des Futters 1 cm Saum um, und bügeln Sie ihn; legen Sie das Futter dann beiseite.

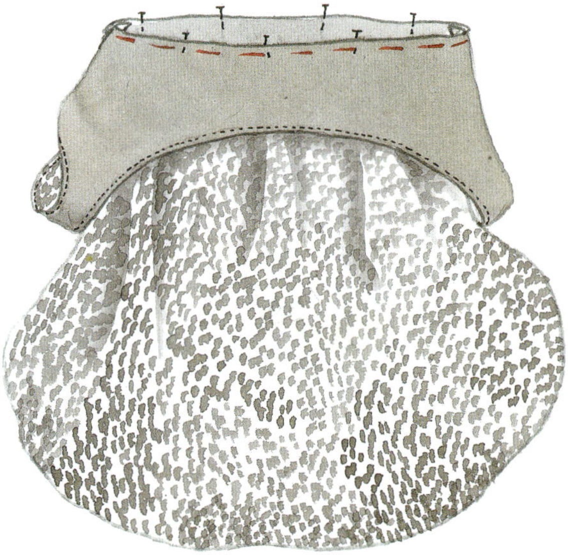

5 Die untere Taschenhälfte auf rechts und die obere Taschenhälfte mit dem Futter nach außen drehen; stülpen Sie dann die obere Taschenhälfte über die untere, sodass die rechten Seiten aufeinanderliegen. Legen Sie die unversäuberten Kanten aufeinander, stecken Sie sie rundherum zusammen, und fügen Sie kleine, gleichmäßig verteilte Falten in die untere Tasche ein, sodass die Kanten zusammenpassen. Achten Sie bei den Seitennähten darauf, dass Sie die Spitzen der oberen Taschenhälfte ein wenig überlappen. Nähen Sie sie 1 cm breit zusammen. Bügeln Sie die Tasche.

6 Stecken Sie das Futter für die untere Taschenhälfte auf links gewendet in die untere Taschenhälfte aus Tweed. Stecken Sie die umgeschlagenen Oberkanten dieses Futters über der Naht fest, und fälteln Sie den Futterstoff so, dass er hineinpasst. Nähen Sie das Futter mit dem Überwendlingsstich fest. Fädeln Sie den Schal durch die obere Taschenhälfte, und binden Sie die Enden auf einer Seite zu einer Schleife zusammen.

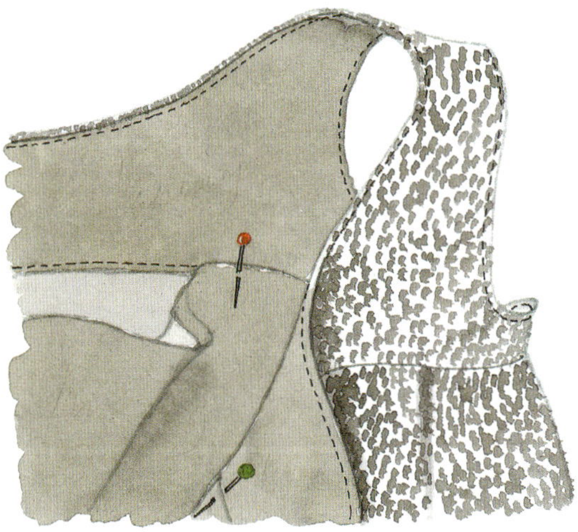

Variation

Diese Tasche kann dank des raffinierten Henkels im Nu individuell angepasst werden, sodass sie zu jedem beliebigen Outfit passt. Wählen Sie einfach einen Schal, der zu Ihrer Kleidung passt, und knoten Sie ihn um die Schlaufen oben an der Tasche – fertig! Man braucht sich auch nicht ausschließlich auf Schals zu beschränken – ein langer Ledergürtel oder ein schönes Seil machen sich auch gut.

Karierte Tasche

Eine alte Decke ist ein wundervolles Material für eine winterliche Tasche. Wenn Sie die Tasche angefertigt haben, wird noch eine Menge Stoff übrig sein. Säumen Sie den Rest davon, dann erhalten Sie eine passende Picknickdecke.

MATERIAL

- 1 Stück Karostoff und 1 Stück Futterstoff für Vorder-/Rückseite, je 45,5 x 53,5 cm
- 1 Seitennaht-Label (s. S. 121)
- 1 kurzes schmales Bändchen
- 1 mit Stoff bezogener Knopf (s. S. 119)
- 2 Stücke Karostoff für die Henkelschlaufen, je 5 x 15 cm
- 1 Stück Karostoff für den Henkel, 7 x 62 cm
- 4 Stücke Karostoff für das Band und dessen Futter, je 37 x 8 cm
- 1 Stück Karostoff für die Schleife, 56 x 12 cm
- 1 Stück Karostoff für das Mittelstück der Schleife, 11 x 12 cm
- passender Nähfaden

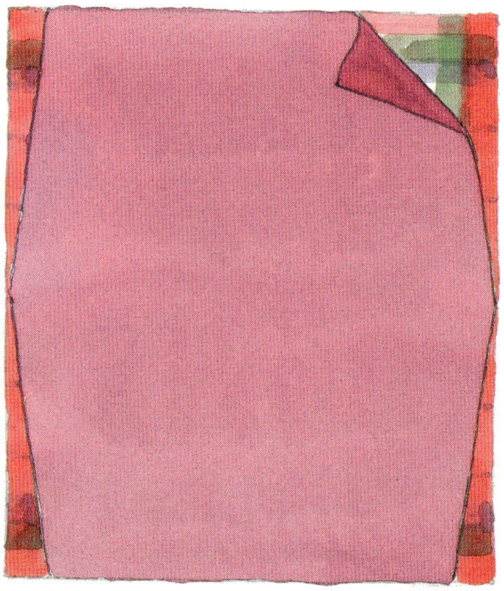

1 Vorder- und Rückseite werden als ein Teil zugeschnitten. Falten Sie Vorder-/Rückseite des Futters der Breite nach zusammen, und beschneiden Sie die Seitenränder so, dass das Teil an den unversäuberten Kanten 37 cm und am Stoffbruch 45,5 cm lang ist, bei einer Höhe (zwischen unversäuberten Kanten und Bruch) von 26,5 cm. Klappen Sie das Stoffteil dann auf, und verwenden Sie es als Vorlage, um Vorder-/Rückseite aus dem Karostoff zuzuschneiden (falten Sie dazu den Karostoff nicht zusammen, es ist einfacher, wenn der Stoff einlagig ist).

2 Falten Sie die Vorder-/Rückseite aus Karostoff rechts auf rechts, und stecken Sie sie an den Seitenkanten zusammen. Fügen Sie in die Naht ein Label ein, sodass es nach innen zeigt. Nähen Sie die Naht 1 cm breit zu. Schneiden Sie an den unteren Ecken die Nahtzugaben ab. Verfahren Sie mit der Vorder-/Rückseite des Futterstoffs genauso. Stecken Sie das auf links gewendete Futter in das auf rechts gewendete Karostoffteil. Stecken und heften Sie am oberen Rand das Futter am Karostoff fest.

3 Messen Sie, wie lang das Band sein muss, damit es um den bezogenen Knopf passt; planen Sie dabei an beiden Enden eine Nahtzugabe von 1,5 cm ein. Schneiden Sie das Band auf die entsprechende Länge zu. Fertigen Sie die Henkelschlaufen an, indem Sie die langen Kanten zur Mitte umklappen, die linken Seiten aufeinander, und dann das Ganze in der Mitte falten; mit dem Überwendlingsstich zusammennähen. Fertigen Sie den Henkel an, indem Sie an allen vier Kanten 5 mm einschlagen und bügeln. Falten Sie ihn dann der Länge nach links auf links; bügeln und dicht an der langen Kante und den beiden Enden entlangsteppen.

rbour

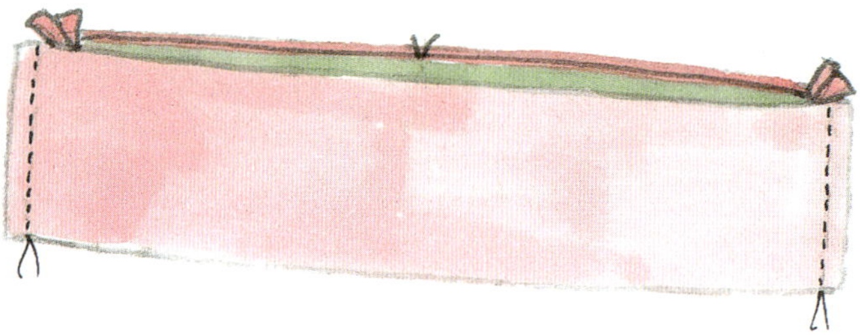

4 Stecken Sie das eine Bandstück an den kurzen Kanten rechts auf rechts auf dem anderen fest. Nähen Sie sie 1 cm breit zusammen. Verbinden Sie die anderen beiden Bandstücke auf dieselbe Weise. Bügeln Sie sie. Eines dieser Paare wird das äußere Band, das andere Paar ergibt das Futter. Legen Sie das eine rechts auf rechts in das andere. Fügen Sie an der Oberkante an jeder Seitennaht zwischen den beiden Schichten eine Henkelschlaufe ein, sodass sie nach unten zeigt. Formen Sie das Bändchen zu einer Schlaufe, und stecken Sie diese in der Mitte des oberen Randes zwischen die beiden Lagen, sodass sie nach unten zeigt.

5 Stecken Sie das Futter- und das äußere Band an der oberen Kante zusammen, und steppen Sie die Naht 1 cm breit. Bügeln Sie die Naht. Klappen Sie dann das Band auseinander. Wenden Sie die Tasche auf rechts, und legen Sie das Band so in die Tasche, dass die rechte Seite des Bandes auf der linken Seite der Tasche liegt. Feststecken und 1 cm breit zusammennähen.

6 Ziehen Sie das Band nach oben aus der Tasche, und bügeln Sie die Naht zum Band hin. Schlagen Sie an der unversäuberten Kante des aufgeklappten Bandes 1 cm um, und bügeln Sie diesen Rand. Falten Sie das Band entlang der Naht, die äußeres Band und Futterband verbindet, links auf links auf die Hälfte. Nähen Sie die umgeschlagene Kante über die Naht, die Sie in Schritt 5 genäht haben. Steppen Sie sie dicht am Rand entlang. Entfernen Sie den Heftfaden.

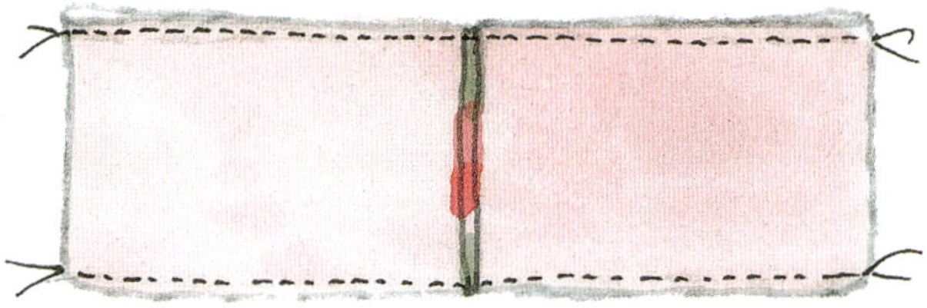

7 Falten Sie für die Schleife die Enden des größeren Schleifenstücks rechts auf rechts zusammen, sodass sie sich in der Mitte treffen. Nähen Sie 5 mm breit entlang dem oberen und unteren Rand. Wenden Sie die Schleife durch die Öffnung in der Mitte, zwischen den beiden Enden, auf rechts.

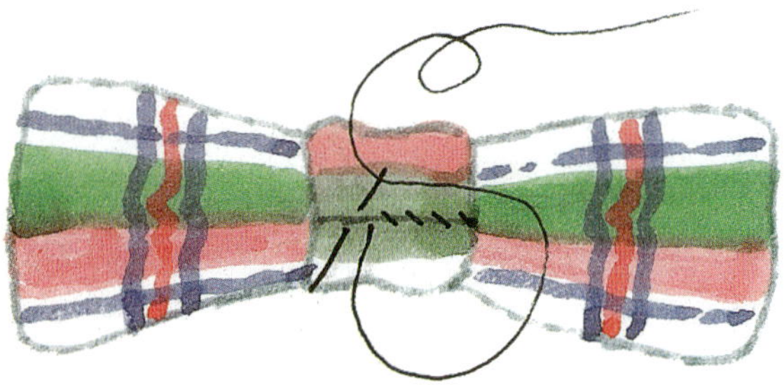

8 Schlagen Sie für das Mittelstück der Schleife die langen Kanten links auf links ein, sodass sie sich in der Mitte treffen. Wickeln Sie das Ganze (mit den unversäuberten Kanten an der Unterseite) um die Mitte der Schleife, und stecken Sie es an ihrer Rückseite fest. Schlagen Sie die unversäuberten Kanten an den Enden um, und nähen Sie die Enden von Hand zusammen.

9 Nähen Sie die Schleife von Hand vorne auf die Tasche; nähen Sie dann den bezogenen Knopf vorne in der Mitte, direkt über der Schleife, fest. Fädeln Sie den Henkel durch die Schlaufen, und falten Sie beide Enden nach hinten. Stecken Sie die Enden fest, und nähen Sie sie an.

Umhängetaschen

Umhängetasche mit Blattmotiv

Dicke Wollstoffe machen diese Umhängetasche perfekt für den Winter. Für den Hauptstoff habe ich den Tweed eines Rockes verwendet, als Blätter benutzte ich die gefilzte Wolle einer alten Decke. Wenn Sie keine alte Decke haben, dann verfilzen Sie einen alten Pullover (s. S. 116). Ein Knopf, der mit demselben Stoff bezogen wird, rundet das Ganze auf harmonische Weise ab.

MATERIAL

- 2 Stücke Hauptstoff und 2 Stücke Futterstoff für Vorder- und Rückseite, je 39 x 29 cm
- 2 Stücke Hauptstoff und 2 Stücke Futterstoff für Seitenteile/Boden, je 9 x 50 cm
- 4 Stücke gefilzten Wollstoff in verschiedenen Farben für die Blätter, je 6 x 21,5 cm
- 1 Seitennaht-Label (s. S. 121)
- 1 Ösenknopf, Durchmesser 2 cm
- Reste von gefilztem Wollstoff
- 1 Stück Hauptstoff für die Knopfschlaufe, 3,5 x 10 cm
- 2 Stücke Hauptstoff für die Henkel, je 48 x 11 cm
- passender Nähfaden

1 Schneiden Sie die Seiten der vier Vorder- und Rückenteile schräg, sodass sie oben 35,5 cm und unten 42 cm breit sind, bei einer Höhe von 29,5 cm. Runden Sie die unteren Ecken leicht ab. Schneiden Sie mithilfe der Blattvorlage auf S. 123 vier Blätter aus dem Filz aus. Stecken Sie, wie gezeigt, die Blattformen vorne auf der rechten Seite des Hauptstoffs fest. Steppen Sie jeweils dicht am Rand entlang.

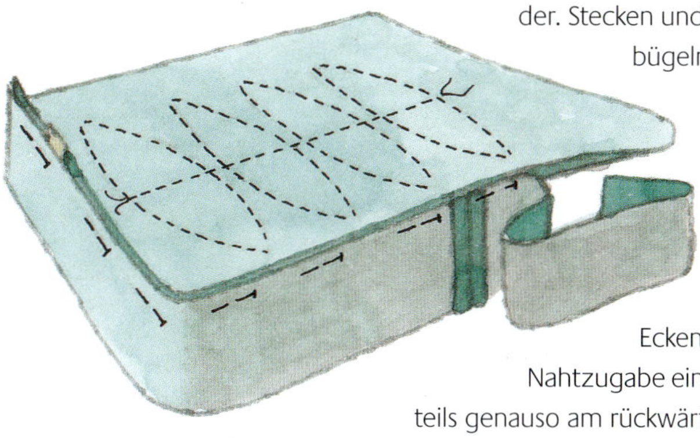

2 Legen Sie beide Hauptstoffteile und das Seiten-/Bodenteil rechts auf rechts aufeinander. Stecken und nähen Sie am breiteren Ende 1,5 cm von der Kante entfernt; bügeln Sie die Naht auseinander. Stecken Sie den ganzen Streifen rechts auf rechts an den Seitenkanten und an der Unterkante des Vorderteils fest, sodass die Enden mit der Oberkante des Vorderteils übereinstimmen. Fügen Sie 4 cm vom oberen Rand ein Label in die Naht ein, sodass es nach innen zeigt; stecken Sie es fest. Steppen Sie 1,5 cm breit um die Seiten- und Bodenkanten herum; nähen Sie dabei an den Ecken scharfe Kurven. Schneiden Sie an den Rundungen in die Nahtzugabe ein. Befestigen Sie die andere lange Kante des Seiten-/ Bodenteils genauso am rückwärtigen Taschenteil. Bügeln Sie die Nähte auseinander.

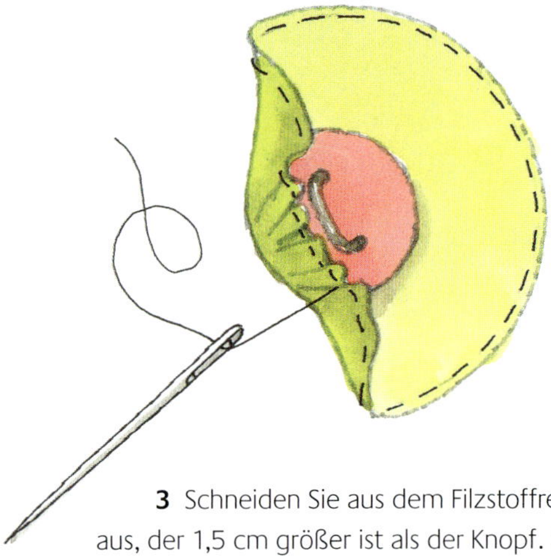

3 Schneiden Sie aus dem Filzstoffrest einen Kreis aus, der 1,5 cm größer ist als der Knopf. Nähen Sie dicht am Rand von Hand kleine Vorstiche, legen Sie dann den Knopf umgekehrt auf die linke Seite des Kreises, und ziehen Sie an den Fadenenden, sodass sich der Stoff um den Knopf rafft. Nähen Sie von Hand durch diese Basis, um den Stoff zu befestigen.

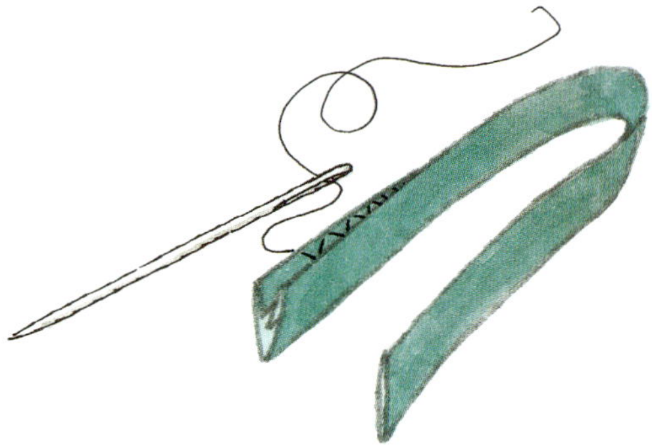

4 Nehmen Sie das Stoffstück für die Knopfschlaufe, und schlagen Sie die Ränder so nach innen, dass sich die unversäuberten Kanten in der Mitte treffen; falten Sie das Ganze dann der Länge nach. Steppen Sie die gefalteten Kanten zusammen. Überprüfen Sie, ob die Schlaufe bei einer Nahtzugabe von 1,5 cm an beiden Enden noch lang genug ist, damit sie um den Knopf passt. Stecken Sie die Schlaufe an der Oberkante der Taschenrückseite fest, sodass die Enden an der unversäuberten Hinterkante anliegen.

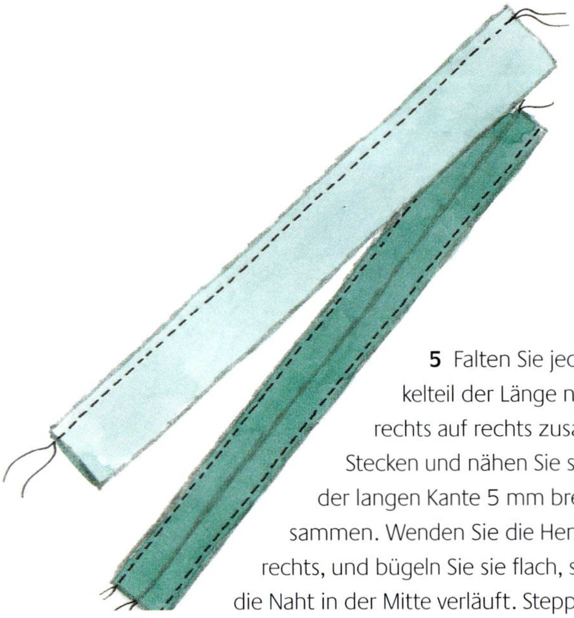

5 Falten Sie jedes Henkelteil der Länge nach rechts auf rechts zusammen. Stecken und nähen Sie sie an der langen Kante 5 mm breit zusammen. Wenden Sie die Henkel auf rechts, und bügeln Sie sie flach, sodass die Naht in der Mitte verläuft. Steppen Sie an beiden langen Kanten entlang.

6 Stecken Sie die Enden des einen Henkels auf der rechten Seite der Rückseite fest, 3 cm von den Seitennähten entfernt und so, dass die Enden mit der Oberkante abschließen. Die Naht, die über die Länge des Henkels verläuft, sollte in diesem Stadium oben sein, sodass sie hinterher, wenn die Tasche auf rechts gewendet ist, unten ist. Das Ende sollte ein wenig nach außen gerichtet sein, der Henkel sollte sich ein wenig zur Mitte neigen. Stecken Sie den anderen Henkel genauso auf der Vorderseite fest.

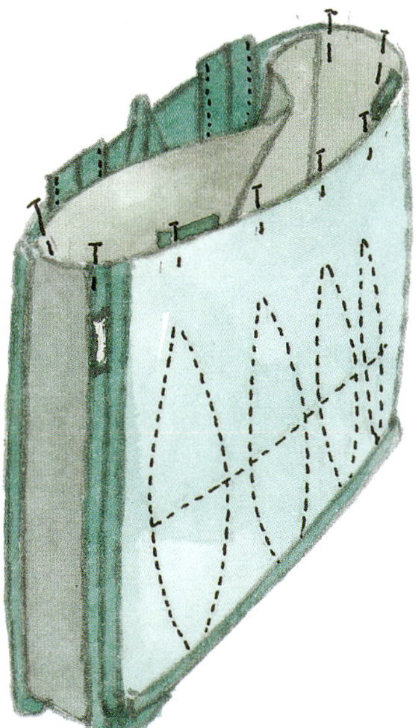

7 Fügen Sie das Futter ebenso zusammen wie den Hauptstoff, Schritt 2 (nur ohne das Label), lassen Sie aber in einer der Nähte unten eine 10 cm große Öffnung. Wenden Sie das Futter auf rechts, der Hauptstoff bleibt auf links gewendet. Fügen Sie das Futter rechts auf rechts in den Hauptstoff ein. Legen Sie die unversäuberten Oberkanten aufeinander, stecken Sie sie fest, und nähen Sie sie 1,5 cm breit zusammen.

8 Wenden Sie die Tasche durch die Öffnung an der unteren Futternaht auf rechts. Schlagen Sie die Ränder der Öffnung nach innen, und nähen Sie sie mit dem Überwendlingsstich zu. Bügeln Sie die Nähte, und schieben Sie das Futter in die Tasche hinein. Stecken Sie den oberen Rand zusammen, und steppen Sie dicht an der Kante entlang. Nähen Sie den Knopf außen an das Vorderteil, genau gegenüber der Knopfschlaufe.

Tasche aus Blumen-druckstoff und Samt

Ich verwende oft Röcke, um Taschen herzustellen, besonders gut eignen sich sommerlich bedruckte Stoffe. Allerdings gibt ein Rock nicht immer genügend Stoff für eine große Tasche her, deshalb habe ich den Stoff für dieses Projekt mit etwas Samt von einem Schal kombiniert. Stoff von einem Männerhemd in kräftigen Farben eignet sich gut für Futter und Label. Die Samthenkel werden durch Schlaufen an der Tasche befestigt und können lang oder kurz gelassen werden.

MATERIAL

- 1 Stück Musterstoff für untere Vorder-/Rückseite, 51 x 53 cm
- 2 Stücke Samt für obere Vorder-/Rückseite, je 42 x 15 cm
- 2 Stücke Futterstoff, je 51 x 43 cm
- 1 Seitennaht-Label (s. S. 121)
- 4 Stücke Samt für Schlaufen, je 8 x 10 cm
- 2 Stücke Samt für Henkel, je 7 x 82 cm
- passender Nähfaden

1 Die untere Vorder-/Rückseite wird in einem Stück zugeschnitten. Falten Sie den gemusterten Stoff der Breite nach, und schneiden Sie den doppelten Stoff so zurecht, dass er oben 42 cm und unten am Stoffbruch 51 cm breit ist, bei einer Höhe von 26,5 cm (von den unversäuberten Kanten bis zum Bruch). Schneiden Sie die Seiten der beiden Samtstücke so zu, dass sie oben 38 cm und unten 42 cm breit sind, bei einer Höhe von 15 cm. Schneiden Sie die Seiten beider Futterstoffteile so zu, dass sie oben 38 cm und unten 51 cm breit sind, bei einer Höhe von 43 cm.

2 Stecken Sie die untere Kante eines Samtteils an der Oberkante des Musterstoffs fest; die rechten Seiten liegen aufeinander. Nähen Sie sie 1,5 cm breit zusammen. Befestigen Sie auf die gleiche Weise das zweite Samtteil an der anderen Oberkante des Musterstoffs. Bügeln Sie die Nähte auseinander. Stecken Sie nun an beiden Seitenkanten Vorder- und Rückseite rechts auf rechts zusammen. Fügen Sie in eine dieser Nähte ein Label ein, sodass es nach innen zeigt und etwa 5 cm vom oberen Rand entfernt ist. Steppen Sie 1,5 cm breit. Bügeln Sie die Nähte auseinander.

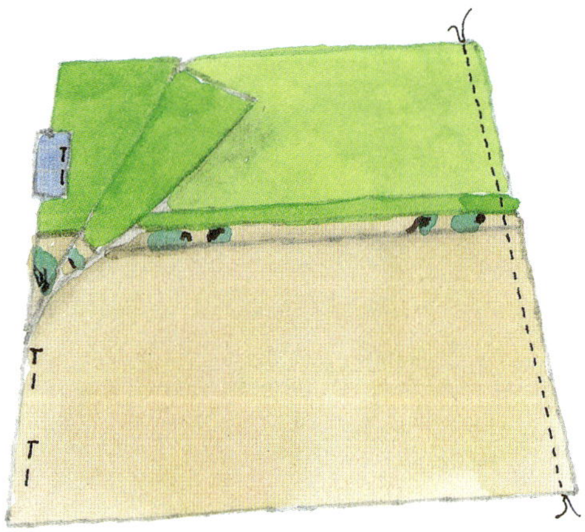

TATE

3 Falten Sie für die vier Schlaufen jedes kleine Samtteil der Länge nach rechts auf rechts. Stecken Sie sie an der langen Kante 5 mm breit zusammen, und schließen Sie die Naht. Wenden Sie sie auf rechts, bügeln Sie sie, und falten Sie sie der Breite nach. Legen Sie die unversäuberten Kanten aufeinander, und stecken Sie zwei der gefalteten Schlaufen oben an der Vorderseite und die zwei anderen oben an der Rückseite fest, etwa 7 cm von den Seitennähten entfernt. Heften Sie die Schlaufen an.

4 Legen Sie die beiden Futterteile rechts auf rechts aufeinander, und stecken Sie sie an der Seite und unten zusammen. Nähen Sie sie 1,5 cm breit zusammen, wobei Sie an den Ecken den Stoff drehen und an der unteren Kante 10 cm offen lassen. Bügeln Sie die Nähte, und wenden Sie das Futter auf rechts. Lassen Sie den Hauptstoff auf links gewendet; stecken Sie das Futter hinein, sodass die rechten Seiten aufeinanderliegen, und stecken Sie am oberen Rand das Futter am Samt fest. Steppen Sie 1,5 cm breit. Wenden Sie die Tasche durch die Öffnung im Futter auf rechts. Schlagen Sie die Ränder der Öffnung ein, stecken Sie sie fest, und nähen Sie sie mit dem Überwendlingsstich zu. Bügeln Sie die Tasche, und schieben Sie das Futter hinein.

5 Schlagen Sie für die Henkel an den langen Kanten 5 mm ein, falten Sie sie der Länge nach links auf links. Stecken Sie die Henkel zusammen. Steppen Sie dicht an der Kante entlang, vorne und hinten 4 cm freilassen. Fädeln Sie einen Henkel durch die Schlaufen auf der Vorderseite und den anderen durch die auf der Rückseite. Stecken Sie die Enden des vorderen Henkels rechts auf rechts zusammen, und steppen Sie 1,5 cm breit. Schlagen Sie die unversäuberten Kanten nach innen, steppen Sie den nicht genähten Teil der langen Kante. Verfahren Sie mit dem anderen Henkel genauso. Rücken Sie die Henkel so zurecht, dass die Nähte unter einer Schlaufe verschwinden.

6 Wenn Sie die Tasche umhängen wollen, lassen Sie die Henkel, wie sie sind. Sie können Sie aber auch wie in der Abbildung anordnen, wenn Sie die Tasche lieber in der Hand tragen möchten.

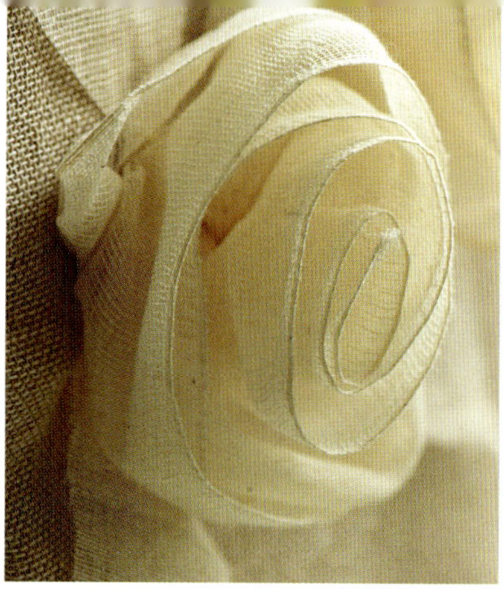

Jutetasche mit Rosenverzierung

MATERIAL

- 2 Juteteile (Sackleinen) für Vorder-/Rückseite, je 46 x 58 cm
- 1 Seitennaht-Label (s. S. 121)
- 2 Juteteile für Henkel, je 10 x 63 cm
- 6 Stücke locker gewebter Baumwollstoff (Musselin) oder Marquisette (Netz) für Rosen, 10 x 77 cm, wenn möglich so zuschneiden, dass eine der langen Kanten Webkante ist
- 1 Stück locker gewebter Baumwollstoff oder Marquisette für die Blätter, 36 x 10 cm
- passender Nähfaden

Diese elegante Tasche habe ich aus dünnem Jutestoff genäht, man kann sie natürlich auch aus einem anderen Stoff anfertigen. Die zarte Struktur der Rosen bildet einen hübschen Kontrast zu ihrem groben Gewebe.

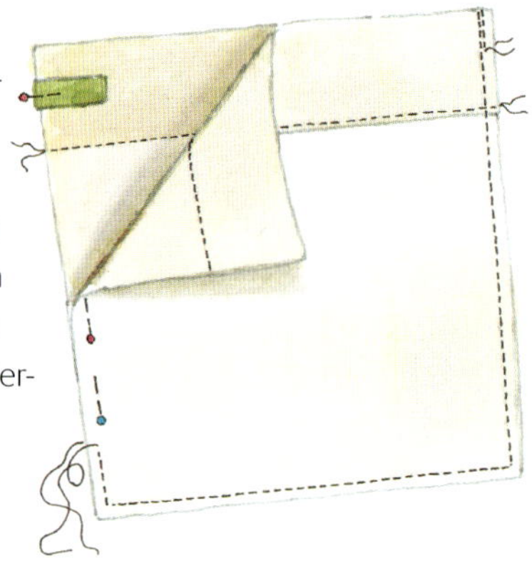

1 Schneiden Sie Vorder- und Rückseite der Tasche so zurecht, dass sie oben 46 cm und unten 42 cm breit ist, bei einer Höhe von 58 cm. Schlagen Sie an der Oberkante dieser Teile zunächst 5 mm, dann weiteren 10 cm um; bügeln und feststecken. Schneiden Sie die Seitenkanten des eingeschlagenen Randes entsprechend den abgeschrägten Seiten der Tasche zurecht. Wiederholen Sie das Ganze mit dem anderen Teil. Stecken Sie die beiden Teile rechts auf rechts aufeinander. Fügen Sie an einer der Seitennähte ein Label ein, sodass es nach innen zeigt, und stecken Sie es fest. Nähen Sie beide Seiten und die Unterkante 1,5 cm breit zusammen, drehen Sie dabei an den Ecken den Stoff. Schneiden Sie an den Ecken die Nahtzugabe ab. Nähen Sie die unversäuberten Kanten mit Zickzackstich zusammen. Wenden Sie die Tasche auf rechts, und bügeln Sie sie.

2 Schlagen Sie an einem der Jutestücke für die Henkel alle vier Kanten 5 mm ein, und bügeln Sie sie um. Falten Sie das Teil der Länge nach links auf links, und bügeln Sie es erneut. Stecken und steppen Sie den Henkel 3 mm von der langen Kante entfernt zusammen. Wiederholen Sie das Ganze mit dem anderen Henkel. Stecken Sie einen der Henkel an der Vorderseite der Tasche fest, sodass die Enden 10 cm von den Seitenkanten entfernt sind, und passen Sie die Enden dem Saum an der Vorderseite an. Steppen Sie jedes Ende wie auf der Abbildung gezeigt fest. Befestigen Sie den anderen Henkel auf die gleiche Weise an der Rückseite.

3 Rollen Sie für jede Rose einen Streifen ein, sodass die unversäuberte Kante unten und die Webkante oben ist. Nähen Sie von Hand mehrmals durch die Basis, um die unversäuberten Kanten zu bedecken und um zu verhindern, dass sich die Rose wieder aufwickelt. Wiederholen Sie das Ganze mit den anderen fünf Rosen. Schneiden Sie aus dem verbliebenen Stoff neun Blätter aus, jedes davon etwa 4 x 10 cm. Nähen Sie die Basis jeder Rose mit einem oder zwei Blättern von Hand am Saumteil des Vorderteils fest. Befestigen Sie mit ein paar Stichen das andere Ende jedes Blattes.

Folkloristische Wolltasche

Das gestickte Motiv wurde von skandinavischer Folklore inspiriert. Ich habe für die Tasche einen alten Filzrock zerschnitten – man kann sie aus jedem beliebigen dicken Wollstoff anfertigen oder selbst einen Wollstoff verfilzen (s. S. 116). Der Stoff benötigt eine Einlage; ich habe gewebtes Nylonmaterial aus einer alten Verpackung verwendet, aber man kann auch konventionelle Einlagen nehmen.

MATERIAL

2 Stücke Wollstoff, 2 Stücke Futterstoff und 2 Stücke Einlage für Vorder-/Rückseite, je 35,5 x 33 cm

Papier

Stickgarn in verschiedenen Farben, z. B. Hell- und Dunkelorange, helles und dunkles Graugrün, Beige und Weiß

1 Stück Wollstoff, 1 Stück Futterstoff und 1 Stück Einlage für die den Boden, je 35,5 x 10 cm

2 Stücke Wollstoff, 2 Stücke Futterstoff und 2 Stücke Einlage für die Seitenteile, je 10 x 33 cm

1 Seitennaht-Label (s. S. 121)

4 Stücke Wollstoff für die Henkelschlaufen, je 5 x 6,5 cm

1 Paar alte Kreolen-Ohrringe oder 2 D-Ringe

2 Stücke Wollstoff und 1 Stück Einlage für die Henkel, je 4 x 61 cm

1 kleiner Wollstoffrest, um einen Knopf zu beziehen.

3 cm großer Knopfrohling aus einem Set zum Knöpfebeziehen

passender Nähfaden

Markierstift (einer, der nach ein paar Tagen verblasst) oder Schneiderkreide (die abgewischt werden kann)

1 Schrägen Sie die Seiten von Vorder- und Rückseite ab, sodass sie oben je 26,5 cm und unten 35,5 cm breit sind, bei einer Höhe von 33 cm. Schrägen Sie die Seitenteile ab, sodass sie oben 7,5 cm und unten 10 cm breit sind, bei einer Höhe von 33 cm. Schneiden Sie mithilfe der Vorlagen auf S. 123 den Vogel, den Flügel und das Blütenblatt aus Papier aus. Zeichnen Sie mithilfe eines Lineals und Markierstifts bzw. von Schneiderkreide in die Mitte der Vorderseite des Wollstoffs eine senkrechte Linie als Stamm. Beginnen Sie dabei 10,5 cm von der Oberkante, und enden Sie 5,5 cm vom unteren Rand entfernt. Wiederholen Sie das Ganze auf dem hinteren Wollstoffteil.

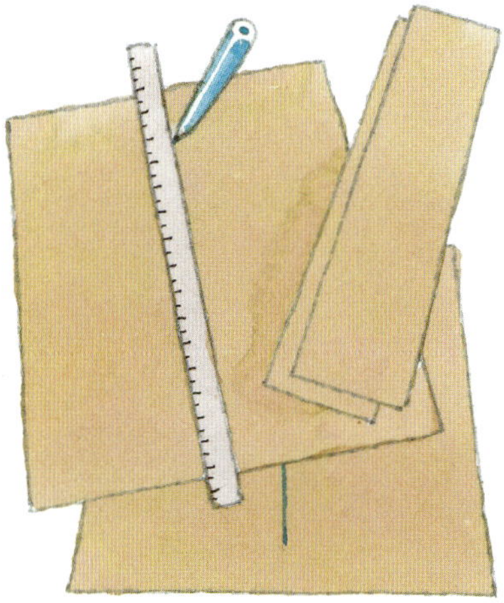

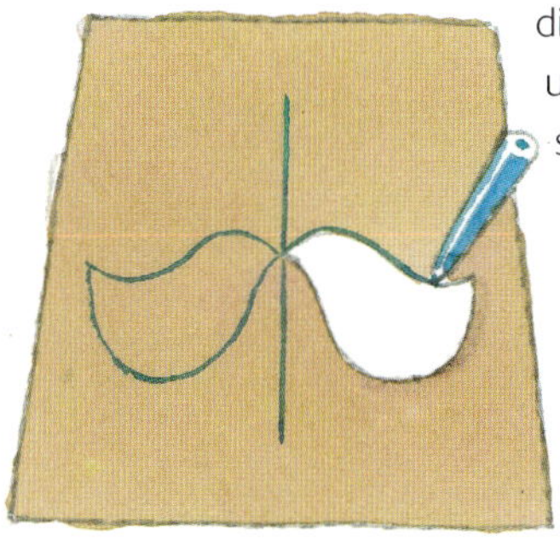

2 Legen Sie sowohl auf Vorder- als auch auf Rückenteil die Vogel-Vorlage auf eine Seite des Stammes, 9 cm vom unteren Rand entfernt, und ziehen Sie mit dem Markierstift den Umriss nach. Drehen Sie die Vorlage um, und zeichnen Sie den Vogel spiegelverkehrt auf die andere Seite des Stammes. Verwenden Sie die Flügel-Vorlage, um auf jeden Vogel einen Flügel zu zeichnen. Legen Sie die Blütenblatt-Vorlage über die senkrechte Linie, 4,5 cm vom oberen Rand entfernt, und zeichnen Sie die Umrisse nach. Flankieren Sie das Blatt mit zwei weiteren Blütenblättern. Zeichnen Sie weiter unten am Stamm die geschwungenen Linien von zwei Blätterpaaren. Beine sowie Schwanzfedern bestehen aus drei zusammenlaufenden Linien.

3 Sticken Sie mit dem Vorstich (s. S. 120) die Umrisse der Vögel nach, füllen Sie den Körper (den Kopf nicht) mit Vorstich-Linien in verschiedenen Farben aus, die parallel zum Umriss verlaufen und die gleiche Stichlänge haben. Fügen Sie einen Knötchenstich (s. S. 121) als Auge ein. Sticken Sie die Schwanzfedern mit drei geraden Stichen, die Beine mit Vorstich und die Blätterpaare mit Vorstich und einem Knötchenstich am Ende. Die Blütenblätter wie die Vogelkörper ausfüllen.

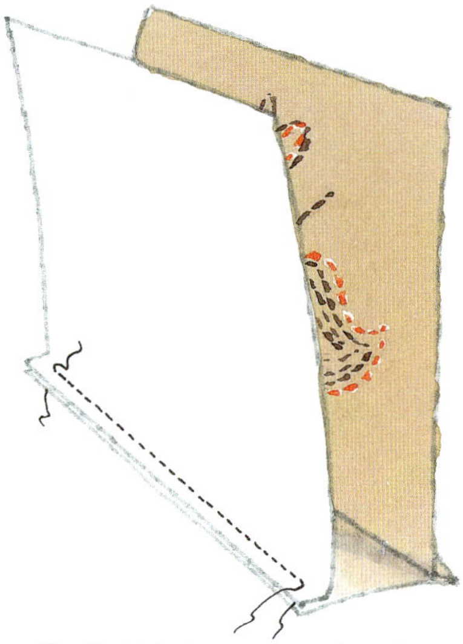

4 Verstärken Sie Vorder-/Rückseite, Boden und Seitenteile mit Einlagen (s. S. 116). Stecken Sie eine der langen Kanten des Bodens rechts auf rechts an der Unterkante des Vorderteils fest. Nähen Sie sie 1,5 cm breit fest, wobei Sie an beiden Enden 1,5 cm offen lassen. Befestigen Sie entsprechend die andere lange Kante des Bodens an der Rückseite. Bügeln Sie die Nähte vom Boden weg.

5 Stecken Sie die Unterkante eines der Seitenteile rechts auf rechts an eine der kurzen Kanten des Bodens. Nähen Sie sie 1,5 cm breit an; lassen Sie dabei an beiden Enden 1,5 cm frei. Schieben Sie die vorhandenen Nahtzugaben auf eine Seite. Befestigen Sie das andere Seitenteil entsprechend am anderen schmalen Ende des Bodens. Stecken Sie eines der Seitenteile entlang seiner langen Kante rechts auf rechts an der Vorderseite fest; schieben Sie die Nahtzugaben aus dem Weg. Fügen Sie ein Label ein, sodass es nach innen zeigt, und stecken Sie es fest. Steppen Sie das Seitenteil 1,5 cm breit, beenden Sie dabei die Naht 1,5 cm vor dem Boden. Befestigen Sie die andere lange Kante auf dieselbe Weise an der Rückseite. Nähen Sie das zweite Seitenteil entsprechend an der anderen Seite fest. Schneiden Sie an den Ecken die Nahtzugabe ab, ebenso die Nahtzugaben der Einlagen.

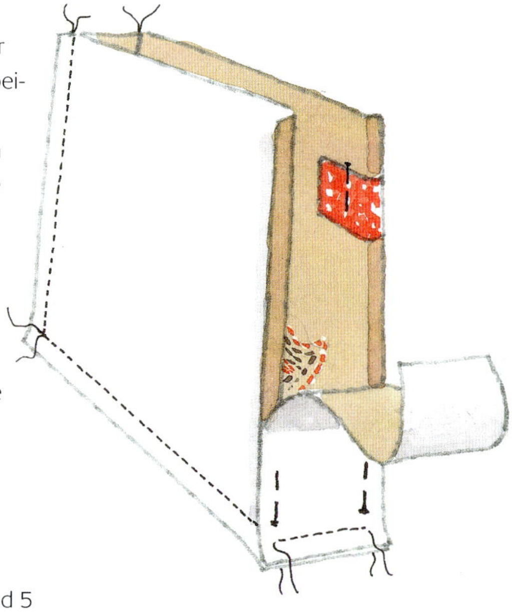

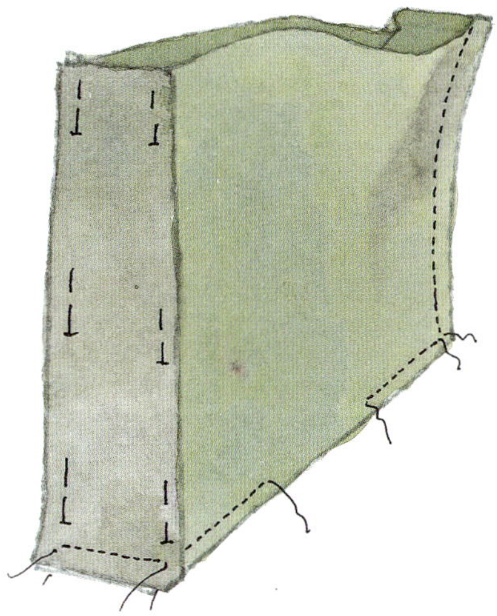

6 Wiederholen Sie die Schritte 4 und 5 (ohne Einlagen und Label), um das Futter herzustellen. Lassen Sie dabei an einer der Bodennähte 15 cm offen.

7 Schneiden Sie die vier Teile für die Henkelschlaufen entsprechend der Abbildung zu. Sie sollten oben und unten jeweils 5 cm und in der Mitte 4 cm breit sein, bei einer Länge von 7 cm. Legen Sie zwei Teile rechts auf rechts aufeinander, stecken und nähen Sie sie 1,5 cm breit an den langen Kanten zusammen. Wenden Sie sie auf rechts, und bügeln Sie sie. Falten Sie die Schlaufe der Breite nach über einen Kreolen-Ohrring oder einen D-Ring. Fertigen Sie die zweite Schlaufe auf die gleiche Weise an.

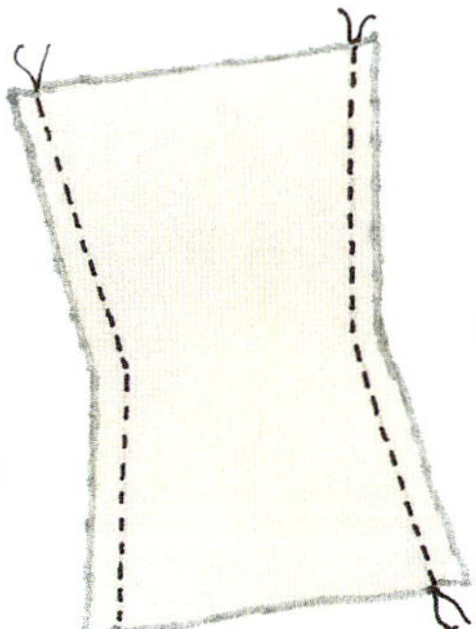

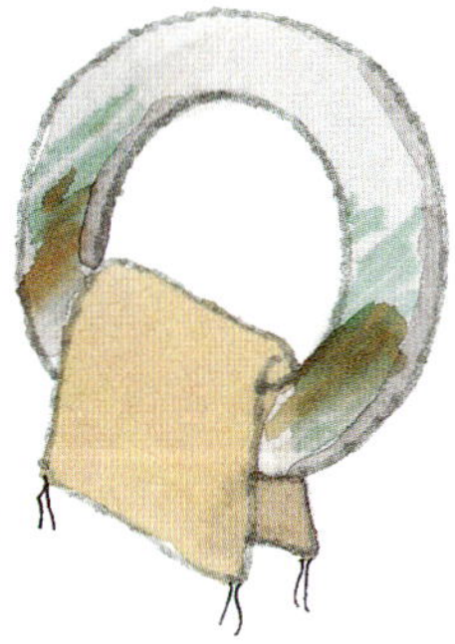

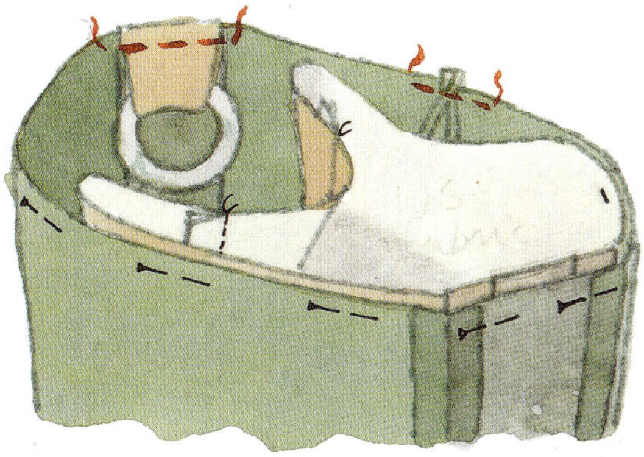

8 Stecken Sie die Schlaufen, nach unten gerichtet, an der oberen Kante auf der rechten Seite der Seitenteile fest; heften Sie sie. Schneiden Sie 12 cm Stickgarn ab, und falten Sie es auf die Hälfte. Stecken Sie diese Schlaufe oben in der Mitte der rechten Seite der Taschenrückseite so fest, dass sie nach innen zeigt. Überprüfen Sie, ob die Knopfschlaufe über den Knopf passt, wenn sie angenäht ist (s. Schritt 10), und heften Sie sie dann fest. Wenden Sie den Wollstoff auf links, und stecken Sie das auf rechts gewendete Futter hinein. Stecken und nähen Sie die beiden Teile an der Oberkante 1,5 cm breit zusammen. Wenden Sie das Ganze durch die Öffnung im Futter auf rechts. Schlagen Sie die Ränder der Öffnung ein, und nähen Sie die Öffnung mit dem Überwendlingsstich zu. Bügeln Sie die Tasche, und steppen Sie dicht am oberen Rand entlang.

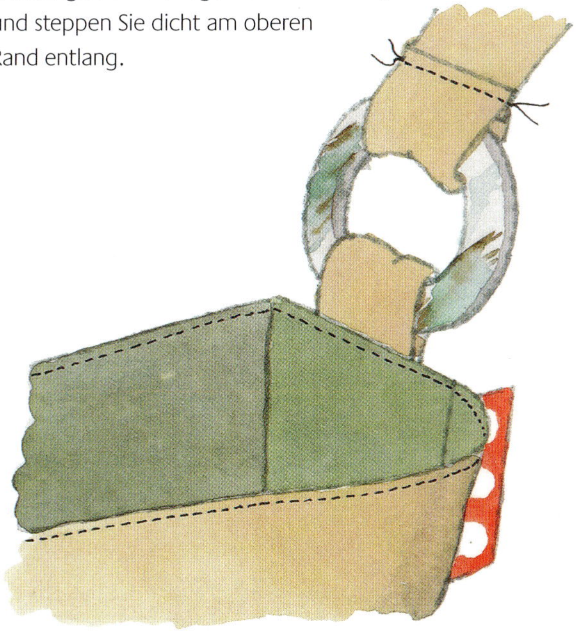

9 Verstärken Sie eines der Henkelteile mit einer Einlage. Stecken Sie es rechts auf rechts auf das andere Henkelteil, und steppen Sie an beiden langen Kanten und einem Ende 5 mm breit. Schneiden Sie an den Ecken die Nahtzugaben ab. Wenden Sie den Henkel auf rechts, und bügeln Sie ihn. Schlagen Sie die unversäuberten Kanten des offenen Endes ein. Fädeln Sie das eine Ende des Henkels von außen durch einen der Ringe an der Tasche. Stecken Sie das Ende des Henkels fest, und nähen Sie es an. Befestigen Sie das andere Ende des Henkels entsprechend am anderen Ring.

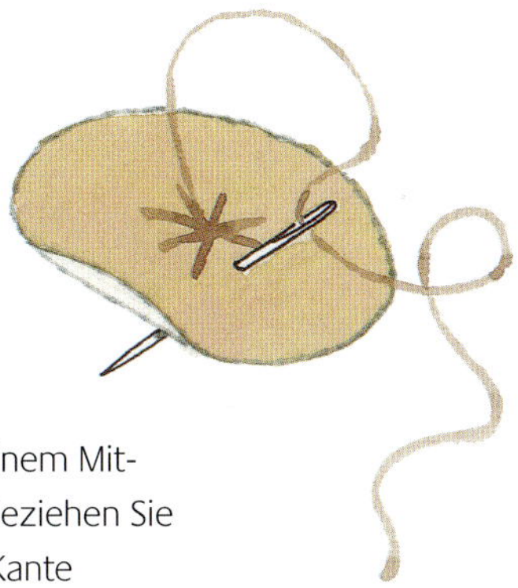

10 Schneiden Sie aus dem Rest Wollstoff Ihrem Set für Knöpfe entsprechend einen Kreis zu. Folgen Sie dabei den Hinweisen des Herstellers. Sticken Sie in die Mitte ein Motiv; achten Sie dabei darauf, dass das Motiv kleiner als der Knopf ist. Das hier verwendete Motiv wurde aus Spannstichen angefertigt – gerade Stiche, die von einem Mittelpunkt ausgehen. Die Enden der Stiche ziert je ein Knötchenstich. Beziehen Sie den Knopf (s. S. 119), und nähen Sie ihn mittig an die vordere obere Kante

Schultertasche mit einem Riemen

Die fließenden Linien der Maschinenstickerei tragen zum grafischen Look dieser Tasche bei. Sie wurde von Rucksäcken inspiriert, verfügt aber nur über einen einzelnen Riemen in der Mitte, damit man sie über einer Schulter tragen kann. Die Verschlusslasche vorne wirkt wie die Fortsetzung des Schulterriemens und wird durch ein Glied einer ausrangierten Holzperlenkette geschlossen. Sie können stattdessen aber auch eine alte Schnalle nehmen. Oder Sie verwenden eine Stoffschlinge in Kombination mit einem bezogenen Knopf (s. S. 120).

MATERIAL

2 Stücke dicker Wollstoff oder Fleece und 2 Stücke Futterstoff für Vorder-/Rückseite, je 28 x 46 cm

1 Stück dicker Wollstoff oder Fleece für den Schulterriemen, 10 x 60 cm

1 Stück dicker Wollstoff oder Fleece und 1 Stück Futterstoff für den Verschlussriemen, je 5 x 11 cm (s. Schritt 2)

1 Seitennaht-Label (s. S. 121)

passender Nähfaden

1 Holzschnalle oder 1 Vorhangring aus Holz

Markierstift, der verblasst oder abgewischt werden kann

1 Zeichnen Sie auf die unteren 15 cm auf der rechten Seite des Vorderteils mit dem Markierstift wellige Linien. Stellen Sie auf der Nähmaschine einen breiten, engen Zickzack- oder Plattstich ein, um das mit der Maschine gestickte Design zu erhalten.

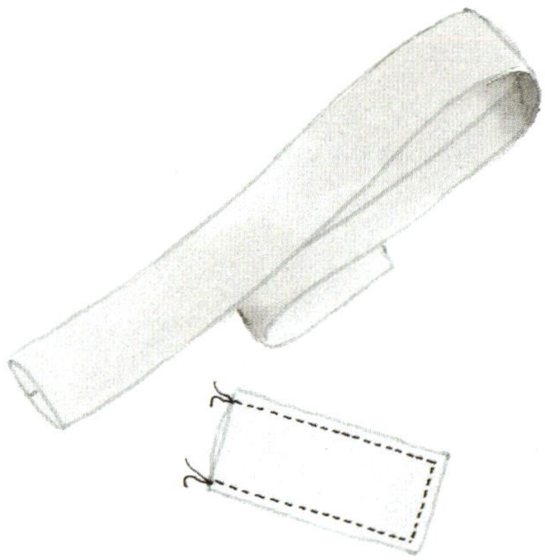

2 Falten Sie den Schulterriemen rechts auf rechts der Länge nach auf die Hälfte. Stecken und nähen Sie ihn 5 mm breit zusammen. Wenden Sie ihn auf rechts. Falten Sie den Riemen jetzt so, dass die Naht in der Mitte verläuft, und bügeln Sie ihn. Schlagen Sie an einem Ende 5 mm ein, und bügeln Sie den Bruch. Die fertige Breite des hier gezeigten Verschlussriemens beträgt 4 cm, aber Sie müssen sie vielleicht entsprechend Ihrer Schnalle oder Ihres Vorhangrings anpassen. Stecken Sie den Wollstoff und das Futter des Verschlussriemens an beiden langen und an einem kurzen Ende rechts auf rechts zusammen. Nähen Sie sie 5 mm breit zusammen. Wenden Sie den Verschlussriemen auf rechts, und bügeln Sie ihn.

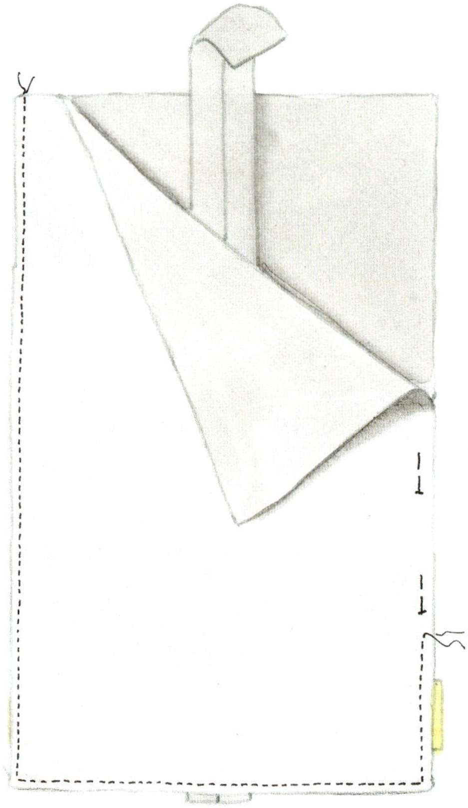

3 Stecken Sie die Vorder- und Rückseite aus Wollstoff an der Seite und unten rechts auf rechts zusammen. Fügen Sie in der Mitte der unteren Naht den Schulterriemen so ein, dass er nach oben zeigt. Wenn die Rückseite der Tasche (auf links gewendet) oben liegt, sollte die Naht des Schulterriemens auch oben sein; auf diese Weise ist die Naht versteckt, wenn die Tasche auf rechts gewendet ist. Fügen Sie außerdem in den unteren Teil der Seitennaht ein Label ein, sodass es nach innen zeigt. Nähen Sie Vorder- und Rückseite 1,5 cm breit zusammen, wobei Sie beim Zusammennähen den Stoff an den Ecken drehen. Schneiden Sie an den Ecken die Nahtzugaben ab. Bügeln Sie die Nähte auseinander.

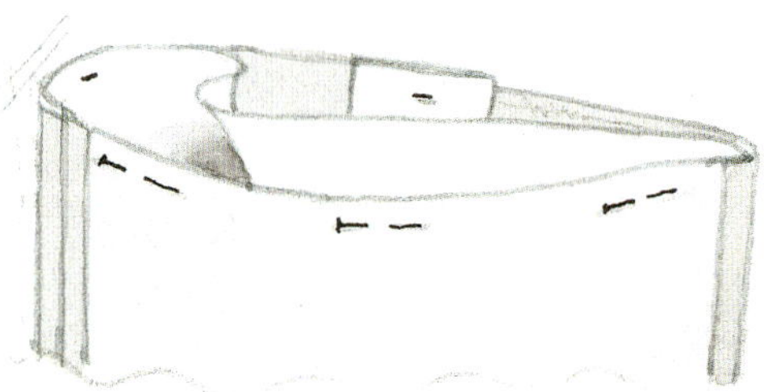

4 Stecken Sie den Futterstoff an den Seitenkanten und unten rechts auf rechts zusammen. Steppen Sie die Naht 1,5 cm breit, und lassen Sie an der Unterkante eine 10 cm lange Öffnung. Bügeln Sie die Nähte auseinander, und wenden Sie das Futter auf rechts. Stecken Sie es rechts auf rechts in den Hauptstoff. Stecken Sie beides entlang der oberen Kante zusammen. Fügen Sie dabei den Verschlussriemen hinten in der Mitte so in die Naht ein, dass er nach unten zeigt und dass die Futterstoffseite des Riemens auf dem Futter der Tasche liegt und die Wollseite des Riemens auf der Wollseite der Tasche. Nähen Sie Futter und Hauptstoff 1,5 cm breit zusammen.

5 Wenden Sie die Tasche durch die Öffnung im Futter auf rechts. Schlagen Sie die unversäuberten Kanten der Öffnung ein, stecken Sie sie zusammen, und nähen Sie die Öffnung mit dem Überwendlingsstich zu. Schlagen Sie etwa 30 cm von der Unterkante entfernt den oberen Teil der Tasche um, sodass eine Klappe entsteht. Falten Sie hinten am freien Ende des Schulterriemens 2,5 cm um; stecken und steppen Sie ihn hinten in der Mitte direkt unter dem Stoffbruch fest. Nähen Sie an der Vorderseite, etwa 13 cm von der unteren Kante, die Schnalle fest.

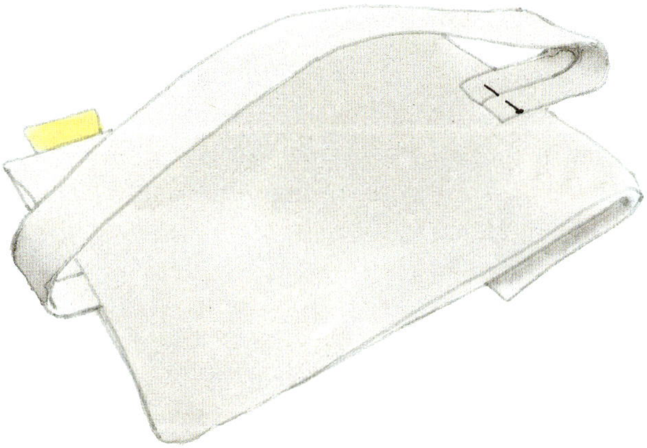

Einkaufstaschen

Beutel aus Blumenstoffresten

Im Laufe der Jahre habe ich hübsche Blumenstoffe von Kleidern, Röcken, Kissenbezügen und Tischtüchern gesammelt. Manchmal ist das Stoffstück zu klein, um eine ganze Tasche daraus zu nähen. Eine großartige Möglichkeit, all diese Stoffreste zu verwenden, besteht deshalb darin, eine Tasche aus mehreren unterschiedlich breiten Streifen kontrastierender Stoffe zu nähen. Verschiedene Muster lassen sich sehr gut kombinieren, aber achten Sie darauf, dass die Farben gut zusammenpassen.

MATERIAL

Stoffstreifen, je 5 – 11 cm breit und 48 cm lang

2 Stücke Baumwollstoff für das Futter, je 48 x 48 cm lang

2 Stücke Hauptstoff und 2 Stücke Futterstoff für die Henkel, je 6,5 x 57 cm

1 einlagiges Label (s. S. 121)

passender Nähfaden

1 Stecken Sie für das Vorderteil den obersten Streifen entlang einer langen Kante rechts auf rechts an den zweiten Streifen; nähen Sie sie 5 mm breit zusammen. Fügen Sie auf die gleiche Weise weitere Streifen hinzu, bis Sie die Maße 48 x 48 cm für das Vorderteil erreicht haben. Fertigen Sie die Rückseite auf die gleiche Weise an. Schneiden Sie an den unteren Ecken von Vorder- und Rückseite sowie an den beiden Futterteilen je ein Quadrat von 8,5 cm aus; der Stoff zwischen diesen Quadraten ergibt den Boden der Tasche.

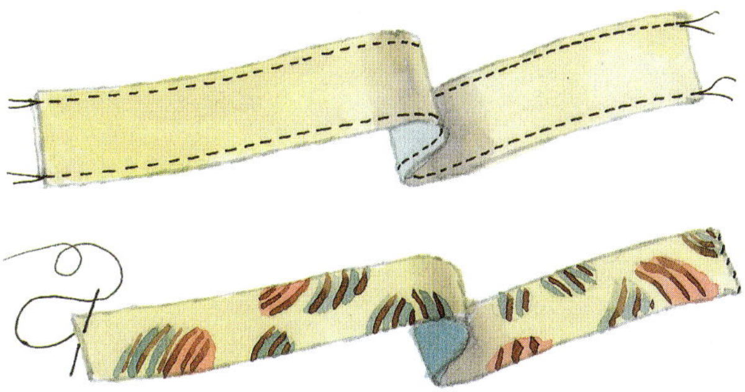

2 Stecken Sie für jeden Henkel einen Streifen Hauptstoff rechts auf rechts auf einen Streifen Futterstoff. Nähen Sie 5 mm breit an beiden langen Kanten entlang. Wenden Sie die Henkel auf rechts, und bügeln Sie sie. Schlagen Sie an beiden Enden 5 mm ein, bügeln Sie sie, und nähen Sie sie mit dem Überwendlingsstich zu.

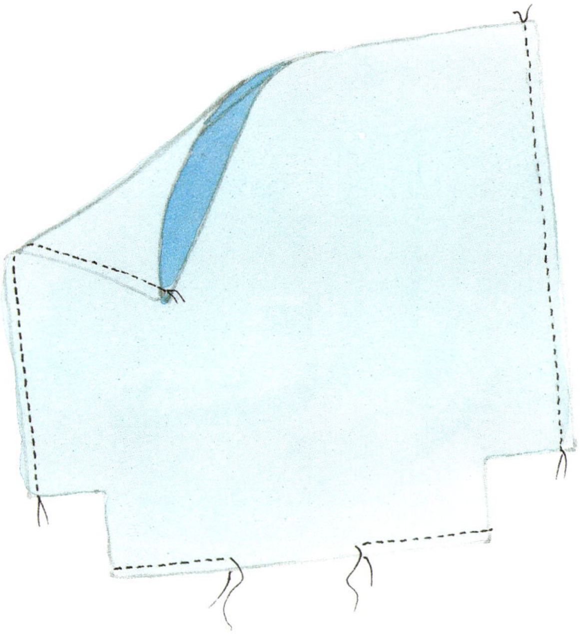

3 Stecken und nähen Sie Vorder- und Rückseite an den Seiten und unten 1,5 cm breit rechts auf rechts zusammen. Verfahren Sie mit dem Futter genauso, lassen Sie aber an der Unterkante eine 10 cm lange Öffnung.

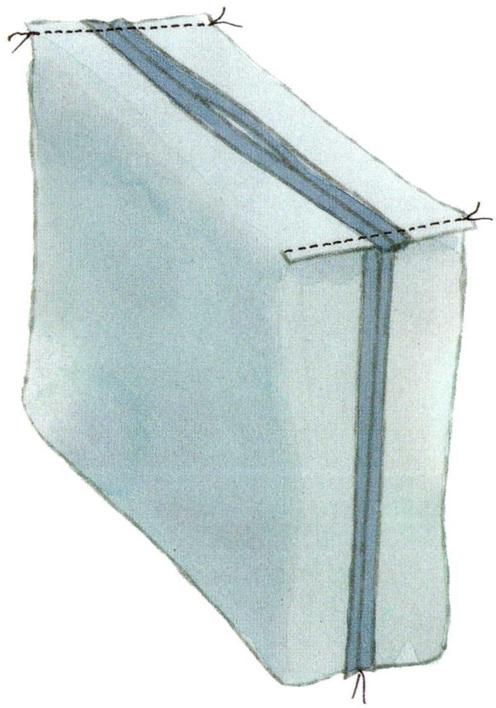

4 Drücken Sie Boden und Seitenteile des Patchworkstoffs flach, sodass die Naht in der Mitte verläuft. Stecken Sie den Boden rechts auf rechts am Rest des Patchworks fest, sodass die unversäuberten Kanten aufeinanderliegen und die Naht des Bodens genau auf die Seitennähte trifft. Steppen Sie an beiden Kanten 1,5 cm breit. Bügeln Sie die Nähte auseinander. Wiederholen Sie das Ganze mit dem Futter. Stecken Sie das auf rechts gewendete Futter in das auf links gewendete Patchworkteil. Legen Sie die Seitennähte aufeinander, und stecken Sie die beiden Teile an der Oberkante zusammen. Nähen Sie sie 1,5 cm breit aneinander. Wenden Sie das Ganze durch die Öffnung im Futter auf rechts. Schlagen Sie die Kanten der Öffnung ein, stecken Sie sie fest, und nähen Sie sie mit dem Überwendlingsstich zu.

5 Stecken Sie die Enden des einen Henkels an der rechten Seite des Vorderteils fest, 7,5 cm von den Seitenkanten entfernt. Nähen Sie – wie auf der Abbildung dargestellt – dicht an den Kanten des Henkels entlang und durch ihn, die Tasche und das Futter hindurch. Befestigen Sie den anderen Henkel auf dieselbe Weise an der Rückseite. Stecken Sie das Label mittig oben auf das Vorderteil, und steppen Sie es fest.

CLOTH Linen Union
Linen Union
Linen Union

Geschirrtuchbeutel

Geschirrtücher aus Baumwolle oder Leinen sind ein ideales Material für Einkaufstaschen. Der Stoff ist nicht nur robust, sondern hat oft auch tolle Motive. Ich habe zwei Geschirrtücher für diese Tasche verwendet: eines für Vorder- und Rückseite und ein zweites, das ich für die dekorativen Streifen oben an der Tasche sowie für die Schlaufen verwendet habe, mit denen die Holzgriffe befestigt sind. Um das Thema dieser Tasche zu unterstreichen, bestehen die Griffe aus hölzernen Pfannenwendern.

MATERIAL

2 Geschirrtücher
1 einlagiges Label (s. S. 121)
passender und kontrastierender Nähfaden
2 Pfannenwender aus Holz, je ca. 28 cm lang

1 Schneiden Sie vom ersten Geschirrtuch 2 Streifen, je 36 x 9,5 cm, für die Dekorationen und vier Streifen, je 8,5 x 20 cm, für die Henkelschlaufen ab; achten Sie dabei auf das Design. Schlagen Sie an einer der Schlaufen an der langen Kante einen einfachen 5 mm breiten Saum ein und an der anderen langen Kante einen doppelten, 5 mm breiten Saum; bügeln Sie die Säume. Steppen Sie dicht an der Doppelsaumkante entlang. Falten Sie die Schlaufe dann der Breite nach links auf links, und steppen Sie durch die gefaltete Schlaufe an der einfachen Saumkante entlang. Fertigen Sie auf die gleiche Weise drei weitere Schlaufen an.

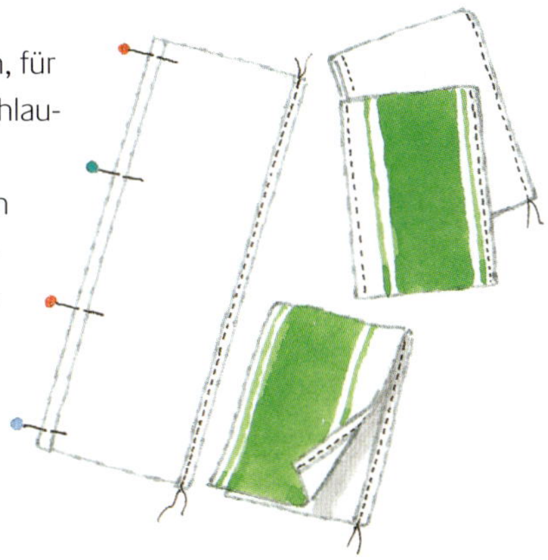

2 Stecken und heften Sie zwei Schlaufen auf der rechten Seite einer kurzen Kante des zweiten Geschirrtuchs fest, sodass die Enden das Geschirrtuch um 1 cm überlappen und die offene Kante in Richtung Mitte zeigt. Die Schlaufen sollten von beiden Seitenrändern des Geschirrtuchs gleich weit entfernt sein und so weit, dass die Griffe hineinpassen (s. Schritt 3). Stecken und heften Sie die verbleibenden beiden Schlaufen auf die gleiche Weise an der anderen kurzen Kante an. Schlagen Sie an der oberen Kante jedes Deko-Streifens 1 cm und an allen übrigen Kanten 5 mm um; bügeln Sie die Umschläge. Stecken Sie einen Streifen auf der rechten Seite des Geschirrtuchs entlang der kurzen Kante fest, sodass die Enden gleich weit von den Seitenkanten entfernt und die Enden der Schlaufen bedeckt sind. Steppen Sie dicht an allen vier Kanten entlang. Befestigen Sie den zweiten Deko-Streifen auf dieselbe Weise an der anderen kurzen Kante.

3 Das Motiv dieses einlagigen Labels ist mit einem engen Zickzackstich in kontrastierendem Faden gestickt. Falten Sie das Geschirrtuch in der Mitte links auf links, und markieren Sie die Position des Labels rechts unten auf der Vorderseite. Falten Sie das Geschirrtuch wieder auseinander, und steppen Sie das Label fest. Falten Sie das Tuch dann wieder in der Mitte links auf links. Stecken Sie die Seiten zusammen, und steppen Sie 1 cm breit an beiden Seiten entlang. Fügen Sie in die vorderen und hinteren Schlaufen je einen Holzgriff ein. Nähen Sie von Hand direkt unter den Griffen durch die Schlaufen.

Einkaufstasche aus Jute und Musterstoff

Diese Tasche können Sie auf dem Markt mit Karotten, Kartoffeln und Zwiebeln füllen, und hinterher können Sie sich damit im schicken Café an der Ecke zeigen. Den praktischen Jutestoff einfach mit dem Material einer bedruckten Chiffonbluse bedecken, und schon wird das Alltägliche zu einem stylischen Fashion-Statement.

MATERIAL

2 Jutestücke (Sackleinen) für die untere Schicht von Vorder-/Rückseite, je 69 x 60 cm

2 Stücke dünner, gemusterter Stoff für die obere Schicht von Vorder-/Rückseite, je 69 x 40 cm

1 einlagiges Label (s. S. 121)

2 Jutestücke und 2 Stücke dünner, gemusterter Stoff für die Henkel, je 11 x 76 cm

passender Nähfaden

1 Schneiden Sie an den unteren Ecken von Vorder- und Rückseite aus Jute je ein Quadrat von 9 cm aus; der Stoff zwischen den ausgeschnittenen Quadraten ergibt den Boden der Tasche. Verfahren Sie ebenso mit der Vorder- und Rückseite des Musterstoffs. Heften Sie alle vier Kanten des Musterstoffs mit der Vorderseite nach vorne auf die Vorderseite des Juteteils, sodass die unteren unversäuberten Kanten aufeinanderliegen. Verfahren Sie ebenso mit den entsprechenden Rückseiten.

2 Legen Sie die Musterstoffe rechts auf rechts, und stecken Sie Vorder- und Rückseite an den Seitenkanten und unten zusammen. Nähen Sie Seiten- und Unterkanten 1,5 cm breit zu; lassen Sie dabei an den Seiten oben 21,5 cm offen. Bügeln Sie die Nähte auseinander, und schneiden Sie an den Stellen, an denen die Naht anfängt und aufhört, in die Nahtzugaben ein.

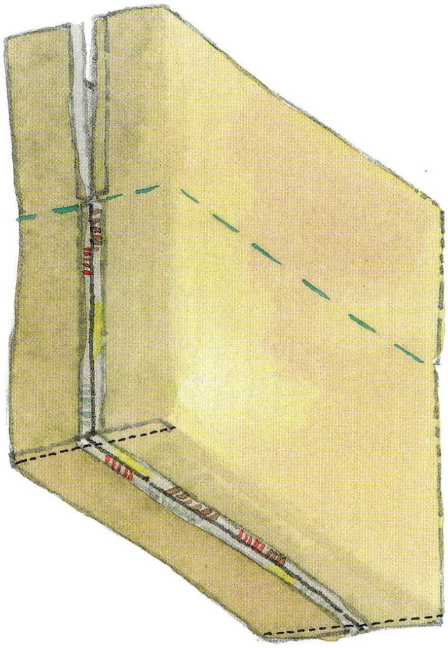

3 Drücken Sie Boden und Seitenteile flach, sodass die Naht in der Mitte verläuft. Stecken Sie den Boden rechts auf rechts an den Seitenteilen fest, sodass die unversäuberten Kanten aufeinanderliegen und die untere Naht genau auf die Seitennähte trifft. Steppen Sie beide Kanten 1,5 cm breit zu. Bügeln Sie die Nähte auseinander, und versäubern Sie alle Nahtzugaben mit Zickzackstich.

4 Wenden Sie die Tasche auf rechts. Die nicht zusammengenähten Seitennahtzugaben zeigen nach außen. Schlagen Sie an der Oberkante der Juteseite 1,5 cm nach außen um; bügeln Sie den umgeschlagenen Streifen. Schlagen Sie weitere 10 cm nach außen um, und stellen Sie dadurch einen Juterand her, der die unversäuberte Kante des Musterstoffs um 1,5 cm überlappt; bügeln Sie den Juterand. Wiederholen Sie das Gleiche am anderen Taschenteil. Stecken Sie beide Juteränder fest, und steppen Sie an Vorderteil und rückwärtigem Teil dicht an der gesäumten Kante entlang. Nähen Sie den vorderen und den hinteren Juterand an den Seitenkanten mit einem breiten, engen Zickzackstich zusammen. Entfernen Sie sichtbare Heftfäden.

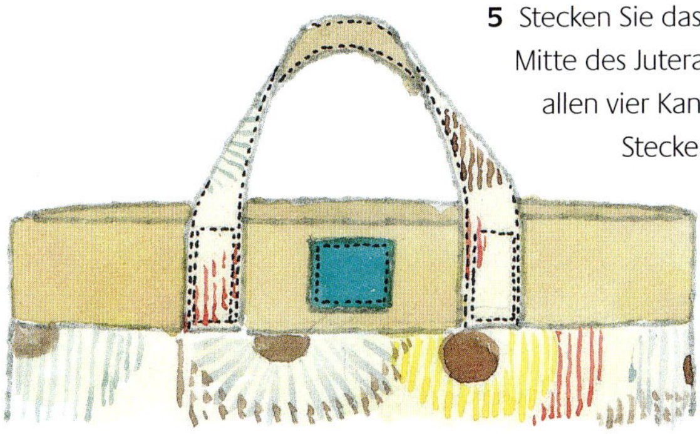

5 Stecken Sie das Label auf der rechten Seite des Taschenvorderteils in der Mitte des Juterandes fest; steppen Sie es an. Schlagen Sie für die Henkel an allen vier Kanten sowohl des Jute- als auch des Musterstoffteils 1 cm um. Stecken Sie den Musterstoff links auf links auf die Jute, und steppen Sie dicht an den langen Kanten entlang. Stecken Sie einen der Henkel auf der Vorderseite fest, sodass die Enden mit der Unterkante des Juterandes abschließen und je 17 cm von den Seitenkanten entfernt sind. Steppen Sie sie wie auf der Abbildung gezeigt an. Befestigen Sie den anderen Henkel auf die gleiche Weise auf der Rückseite.

Tasche aus Verpackungsmaterial

Diese Tasche besteht aus all den Papierschnipseln, die normalerweise im Papiercontainer landen, z. B. Etiketten, Briefmarken, Postkarten, bedruckte Papiertüten, bunte Motive von Obstkisten und alte Tickets. Bevor die Schnipsel in Plastikfolie eingebettet werden, werden sie zuerst auf weißem Papier befestigt. Statt normalem Papier können Sie aber auch Geschenkpapier, Tapete oder Zeitung verwenden. Wenn Sie kein Stück Papier finden, das groß genug ist, können Sie zwei Teile zusammenkleben und den Übergang mit Papierschnipseln bedecken. Auch wenn Sie kein Stück Stoff haben, das lang genug für die Henkel ist, können Sie zwei Teile zusammennähen (ich habe einen alten Schal zerschnitten).

MATERIAL

- 2 Stoffteile für die Henkel, je 9 x 114 cm
- 1 Stück Papier für den Hauptteil, 41 x 70 cm
- 2 Stücke Papier für die Seitenteile, je 10 x 30 cm
- Auswahl an Papierschnipseln
- Papierkleber und Klebeband
- 2 Stücke Plastikfolie für den Hauptteil, je 42,5 x 71,5 cm
- 4 Stücke Plastikfolie für die Seitenteile, je 11,5 x 31,5 cm
- passender Nähfaden

1 Schlagen Sie für jeden Henkel an allen vier Kanten 5 mm um; bügeln Sie die umgeschlagenen Kanten. Falten Sie die Henkel der Länge nach, bügeln Sie sie, und heften Sie sie zusammen. Markieren Sie auf ihrem großen Blatt Papier die Hälfte, und arrangieren Sie dann Ihre Papierschnipsel auf der oberen Hälfte, bis Sie zu Ihrer Markierung gelangen. Kleben Sie die Papierschnipsel an. Drehen Sie das Papier um seine eigene Achse, und kleben Sie auf die übrige Fläche ebenfalls Papierschnipsel. Hüllen Sie jetzt das Papier von vorne und hinten mit den beiden großen Stücken Plastikfolie ein, sodass auf allen Seiten ein gleich großer Rand übersteht. Stecken Sie die Henkel, wie abgebildet, durch alle Schichten fest, 9 cm von den Seitenkanten entfernt. Steppen Sie dicht um beide langen Kanten und beide Enden des Henkels, wobei Sie auch durch die Papier- und Plastikschichten stechen und bis hinauf in die Henkelschlaufe. Wiederholen Sie dasselbe mit dem anderen Henkel. Entfernen Sie die Heftfäden.

2 Steppen Sie über beide kurze Kanten der Tasche (5 mm innerhalb des Plastikrandes), auch über die Henkel. Bekleben Sie von oben nach unten die Seitenteile. Dann mit Klebeband von beiden Seiten Plastikfolie darauf befestigen, sodass auf allen Seiten ein gleicher Rand übersteht. Steppen Sie an beiden Teilen am oberen Rand entlang, 5 mm vom Plastikrand entfernt. Stecken Sie die Seitenteile links auf links am Vorderteil fest, sodass die oberen und seitlichen Kanten bündig sind. Entfernen Sie das Klebeband, und nähen Sie durch das Plastik, knapp außerhalb des Papiers, an den Seitenkanten entlang bis zum unteren Rand. Schneiden Sie am Ende der Naht im rechten Winkel zu ihr in die Nahtzugabe der Seitenteile ein.

3 Für den Boden knicken Sie das Hauptteil zwei Mal in der Breite, je 5 cm von der Mittelmarkierung entfernt. In anderen Worten: Der erste Falz sollte dem unteren Papierrand der Seitenteile entsprechen, und der zweite Knick sollte 10 cm vom ersten entfernt sein. Stecken Sie den unteren Rand des einen Seitenteils links auf links mit der Kante zwischen den beiden Knicken zusammen; fertigen Sie eine Naht durch das Plastik knapp außerhalb des Papiers an; beginnen Sie dabei am zweiten Falz, und nähen Sie bis zum ersten. Schneiden Sie an der Stelle, an der die Naht beginnt, im rechten Winkel zur Naht in die Nahtzugabe des Seitenteils ein. Nähen Sie das andere Seitenteil auf dieselbe Weise mit dem Boden zusammen. Stecken Sie nun ein Seitenteil entlang der Seitenkanten links auf links an der Rückseite der Tasche fest. Nähen Sie sie durch das Plastik, knapp außerhalb des Papiers, zusammen; beginnen Sie dabei an der oberen Kante, und nähen Sie bis zum Falz. Wiederholen Sie das Ganze mit dem anderen Seitenteil.

Einkaufstasche aus Vorhangstoff

Alte Vorhänge aus robustem, dicht gewebtem Einrichtungsstoff geben eine ideale Stoffquelle für Taschen ab. Wenn der Stoff schwer genug ist, braucht man die Tasche gar nicht zu füttern. Hier habe ich ein altes gepunktetes T-Shirt verwendet, um nur den oberen Teil und die Henkel zu füttern und einen Kontrast zum Chintz herzustellen.

MATERIAL

- 2 Stücke Hauptstoff, je 54 x 43 cm
- 1 einlagiges Label (s. S. 121)
- 2 Stücke Futterstoff, je 54 x 18 cm
- 2 Stücke Hauptstoff und 2 Stücke Futterstoff für die Henkel, je 7,5 x 65 cm
- passender Nähfaden

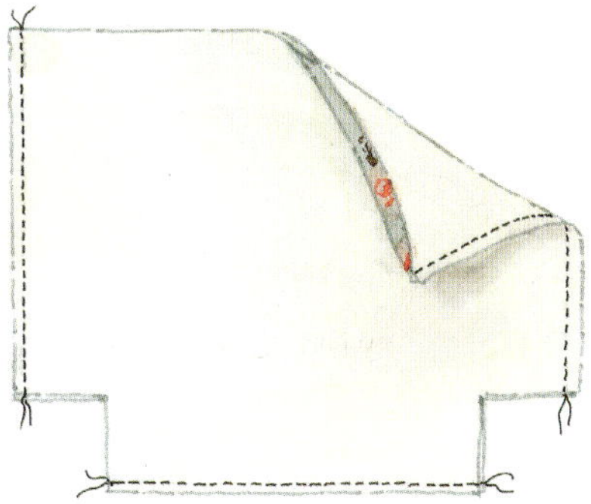

1 Schneiden Sie ein 9 cm großes Quadrat an den unteren Ecken beider Hauptstoffteile aus; der Stoff zwischen diesen Quadraten wird später den Taschenboden ergeben. Legen Sie die beiden Hauptstoffteile rechts auf rechts aufeinander. Stecken und nähen Sie sie 1,5 cm breit an beiden Seitenkanten und unten zusammen. Bügeln Sie die Nähte auseinander.

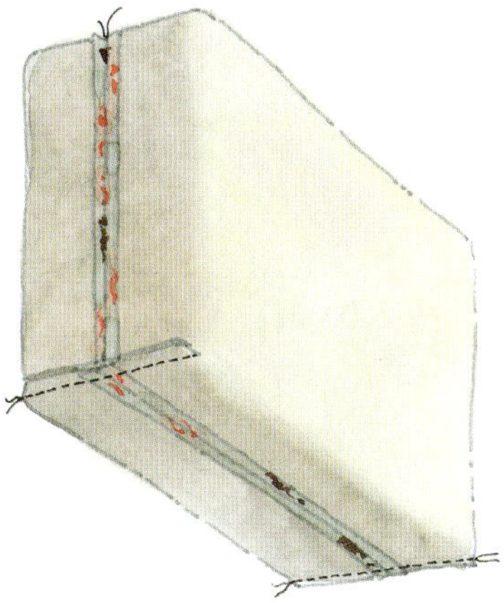

2 Drücken Sie den Boden und die Seitenteile flach, sodass die Naht in der Mitte verläuft. Stecken Sie den Boden rechts auf rechts an den Seitenteilen fest, sodass die unversäuberten Kanten aufeinanderliegen und die Bodennaht genau auf die Seitennähte trifft. Nähen Sie beide Kanten 1,5 cm breit zusammen. Bügeln Sie die Nähte auseinander, und versäubern Sie alle Nahtzugaben mit Zickzackstich. Wenden Sie die Tasche auf rechts. Stecken Sie das Label vorne in der Mitte knapp unter der Oberkante fest, und steppen Sie es an.

3 Legen Sie die beiden Futterteile rechts auf rechts. Stecken und nähen Sie sie an den Seitenkanten 1,5 cm breit zusammen; bügeln Sie die Nahtzugaben auseinander. Schlagen Sie entlang der unteren Kante des Futters einen doppelten 5-mm-Saum ein; bügeln Sie ihn, und nähen Sie ihn fest. Stülpen Sie das Futter auf links gewendet über den Hauptstoff, sodass die Stoffe rechts auf rechts liegen. Legen Sie die Kanten von Futter und Hauptstoff aufeinander, ebenso die Seitennähte; stecken Sie die Teile zusammen, und steppen Sie entlang der Oberkante 1,5 cm breit. Schieben Sie das Futter nach innen, und bügeln Sie die Oberkante der Tasche.

4 Für die Henkel stecken Sie je ein Teil des Haupt- und Futterstoffes rechts auf rechts zusammen. Nähen Sie sie 5 mm breit an beiden Kanten zusammen, auf rechts wenden und bügeln. Schlagen Sie die unversäuberten Enden nach innen, und bügeln Sie sie. Stecken Sie die Enden der Henkel auf die Außenseite des Vorderteils, in gleichem Abstand zu den Seitenkanten und so, dass sie 10 cm vom oberen Rand entfernt sind. Nähen Sie nah am Rand des Henkels entlang durch Henkel, Tasche und Futter. Befestigen Sie den anderen Henkel auf die gleiche Weise an der Rückseite der Tasche.

Zusammenfaltbare Einkaufstasche

Bewahren Sie diese zusammenfaltbare Einkaufstasche in Ihrer Handtasche auf, dann sind Sie immer auf spontane Einkäufe vorbereitet. Man kann Sie auch großartig in einem Koffer verstauen, weil Sie zusammengefaltet fast nichts wiegt und kompakt ist, aber trotzdem geräumig und robust, wenn sie zum Einsatz kommt. Außerdem ist sie so schnell genäht, dass sie sich auch als Geschenk eignet.

MATERIAL

2 Stücke Musselin für Vorder-/ Rückseite, je 50 x 43 cm

2 Stücke Musselin für die Henkel, je 7 x 39 cm

1 Stück Musselin für die Knopfschlaufe, 3,5 x 7 cm

2 aus einem Geschirrtuch ausgeschnittene Teile für die Ränder, je 41 x 13 cm

1 Knopf

passender Nähfaden

1 Legen Sie Vorder- und Rückseite links auf links zusammen. Schlagen Sie beide Lagen zwei Mal um, sodass Sie auf der rechten Seite des rückwärtigen Teils an den Seiten und unten einen 1 cm breiten Saum erhalten; bügeln Sie den Saum. Stecken und nähen Sie den Saum dicht an seiner Kante zusammen. Schlagen Sie vorne und hinten an der oberen Kante 1,5 cm auf die rechte Seite um; bügeln Sie den umgeschlagenen Teil.

2 Schlagen Sie an jedem Henkelteil an den langen Kanten 5 mm ein und bügeln Sie sie. Falten Sie dann den Henkel der Länge nach links auf links und bügeln Sie ihn. Stecken Sie die Kanten zusammen, und steppen Sie dicht an der gesäumten Kante entlang. Stecken Sie die Enden eines Henkels auf der rechten Seite der Oberkante des rückwärtigen Teils fest, 9 cm von den Seitenkanten entfernt, sodass die Enden die umgeschlagene Oberkante des Vorderteils der Tasche um 1,5 cm überlappen. Heften Sie den Henkel fest. Stecken und heften Sie den anderen Henkel am rückwärtigen Teil auf dieselbe Weise fest.

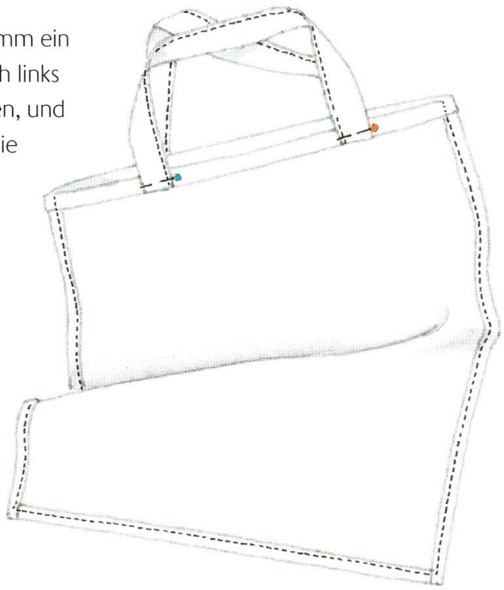

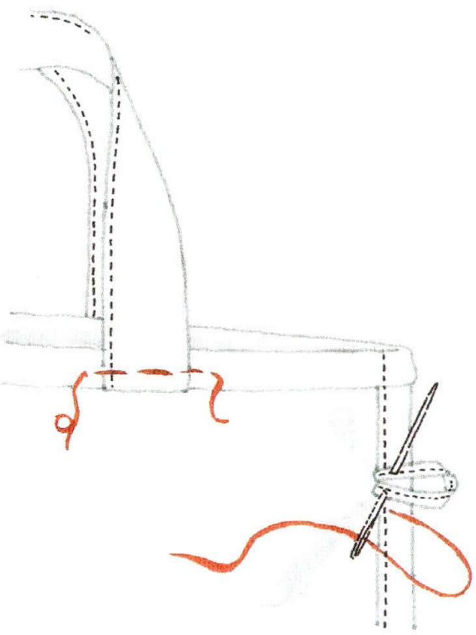

3 Stellen Sie aus dem kleinen Stück Musselin eine Knopfschlaufe her, indem Sie die beiden langen Kanten zur Mitte umschlagen und das Ganze dann der Länge nach falten. Bügeln Sie die Schlaufe, und stecken und steppen Sie sie dann dicht an der Kante entlang zusammen. Falten Sie die Schlaufe auf die Hälfte, und stecken Sie sie so, dass sie nach außen zeigt, auf der rechten Seite an einer der Seitenkanten fest, 5,5 cm von der oberen Kante entfernt, sodass ihre Enden die Kante um 1 cm überlappen. Vergewissern Sie sich, dass sie um den Knopf passt, und heften Sie sie dann fest.

4 Schlagen Sie an allen vier Kanten der Randteile 1 cm um, und bügeln Sie sie. Stecken Sie eines der Randteile mit der rechten Seite nach oben auf der rechten Seite des Vorderteils an der Oberkante fest, über die Enden des Henkels. Steppen Sie an beiden langen Kanten des Randes entlang, und nähen Sie dabei auch durch den Henkel an der Oberkante. Befestigen Sie das andere Randteil auf dieselbe Weise.

5 Stecken Sie die kurzen Kanten des Randes fest; steppen Sie parallel zu den kurzen Kanten sowohl durch Vorder- als auch Rückseite, sodass die Nählinie mit der Saumlinie des Musselins übereinstimmt. Steppen Sie dann noch einmal, dieses Mal jedoch dicht an der Kante rund um den Taschenrand, sodass der gesäumte Teil von Musselin und Rand eine doppelte Nählinie erhält. Bügeln Sie die Tasche, entfernen Sie die Heftfäden, und nähen Sie den Knopf vorne in die Mitte, in gleicher Entfernung von Ober- und Unterkante des Randes.

6 Um die Tasche zusammenzufalten, stecken Sie die Henkel hinein und falten den Musselinteil so, dass nur noch der Rand zu sehen und der Knopf oben ist. Falten Sie das Ganze auf die Hälfte und dann die Seiten nach innen, sodass sich Knopf und Knopfschlaufe treffen und geschlossen werden können.

Strandtasche aus Segeltuch

Diese geräumige Tasche ist ideal für den Strand. Ich habe sie aus einem alten Windschutz angefertigt, deshalb ist das Material sehr robust und hat an der Außenseite diesen herrlich ausgebleichten Strand-Look. Man kann stattdessen auch Segeltuch von einem alten Liegestuhl, feste Vorhangstoffe oder eine schwere Tischdecke verwenden. Mit Plastik überzogener Pappkarton, der in Segeltuch eingenäht ist, ergibt einen stabilen, wasserfesten Boden für den Transport von feuchten Handtüchern und sandigen Schuhen.

MATERIAL

- 1 Stück Segeltuch für Vorder-/Rückseite/Boden, 38 x 116 cm
- 2 Stücke Segeltuch für die Seitenteile, je 38 x 42 cm
- 1 Stück Segeltuch für das Bodenfutter, 38 x 37 cm
- 2 Stücke Segeltuch für die Henkel, je 13 x 55 cm
- 1 Seitennaht-Label (s. S. 121)
- passender Nähfaden
- 1 Stück steifer Pappkarton, der in eine robuste Plastiktüte eingehüllt ist

1 Das lange Stück Segeltuch bildet Vorderseite, Boden und Rückseite der Tasche. Stecken Sie eines der Seitenteile mit der langen Kante rechts auf rechts an eine der Seitenkanten des langen Stückes, sodass die Oberkanten aufeinanderliegen. Nähen Sie die Seitenkanten 1,5 cm breit zusammen; hören Sie 1,5 cm vor der Unterkante des Seitenteils auf zu nähen. Schneiden Sie an dieser Stelle in die Nahtzugaben beider Teile.

2 Stecken Sie die andere lange Kante des Seitenteils am anderen Kantenende des langen Hauptteil fest – rechts auf rechts und so, dass die Oberkanten aufeinanderliegen. Vergewissern Sie sich, dass das Stoffstück zwischen den beiden Seitennähten genau zum Boden passt (noch nicht annähen!); nähen Sie dann die gesteckte Naht zu, und schneiden Sie wie in Schritt 1 in die Nahtzugaben.

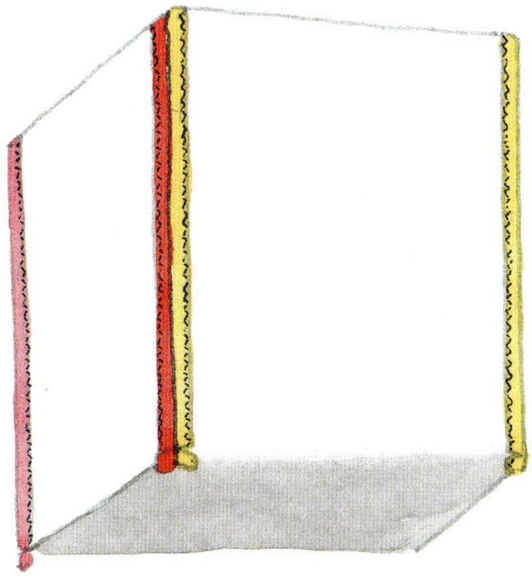

3 Wiederholen Sie die Schritte 1 und 2, um das andere Seitenteil an die andere Seitenkante des langen Hauptteils anzunähen. Versäubern Sie alle Nahtzugaben mit Zickzackstich, und bügeln Sie die Nähte auseinander.

4 Schlagen Sie an den beiden langen Kanten des Bodenfutters einen doppelten, 1 cm breiten Saum um; bügeln Sie ihn, und nähen Sie ihn fest. Legen Sie das Bodenfutter links auf links auf den Boden, sodass die unversäuberten Kanten aufeinanderliegen. Stecken Sie die kurze Kante des Bodenfutters an eine Seitenkante des Bodens und an die untere Kante eines der Seitenteile – zwischen die Einschnitte; heften Sie das Ganze fest. Nähen Sie alle drei Teile zwischen den Einschnitten 1,5 cm breit zusammen. Am einfachsten ist es, in der Mitte anzufangen und in eine Ecke zu nähen; danach wieder in der Mitte ansetzen und in die andere Ecke nähen. Wiederholen Sie das Ganze, um die andere kurze Kante des Bodenfutters an die andere Seitenkante des Bodens und das andere Seitenteil anzunähen.

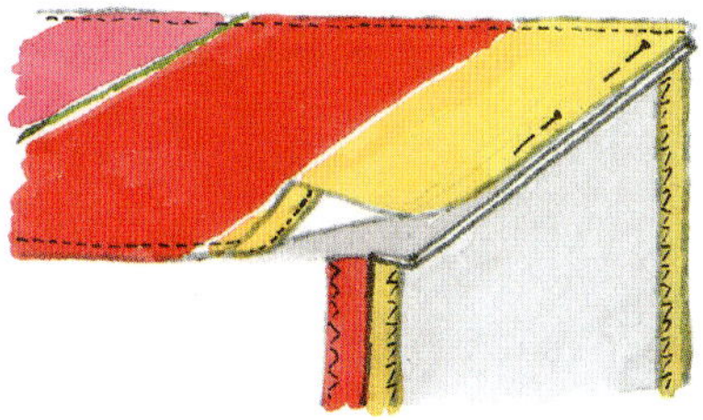

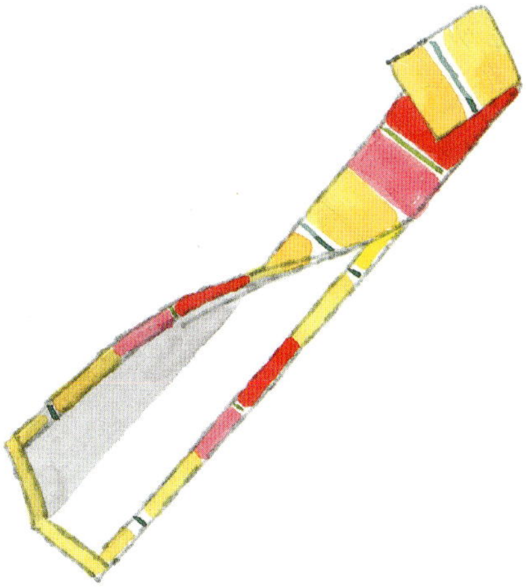

5 Schlagen Sie an allen vier Kanten 5 mm ein, und falten Sie den Henkel dann der Länge nach links auf links. Steppen Sie dicht an den eingeschlagenen Kanten entlang. Wiederholen Sie das Ganze mit dem anderen Henkel.

6 Stecken Sie jedes Ende eines Henkels 5 cm von den Seitennähten entfernt an der Außenseite des Vorderteils fest, sodass die Unterkante des Henkels mit der Steppnaht an der Oberkante des Hauptteils abschließt; steppen Sie den Henkel wie dargestellt an. Befestigen Sie den zweiten Henkel genauso auf der Rückseite; fügen Sie vor dem Festnähen ein Seitennaht-Label zwischen dem äußeren Rand eines Henkels und der Tasche ein. Schieben Sie das Stück Pappkarton oder Plastik durch eine der ungenähten Seiten des Bodenfutters zwischen Boden und Bodenfutter.

Patchwork-Freizeittasche

Diese Tasche ist ideal, um kleine Stoffreste aufzubrauchen, und Patchwork ist mit der Nähmaschine schnell genäht. Wählen Sie ganz verschiedene Muster (Streifen, Karos, Blumenmuster und Tupfen) in unterschiedlichen Größen, bleiben Sie dabei aber in Ihrer vorher festgelegten Farbpalette, um sowohl Kontraste als auch Harmonien zu erhalten. Für die Seiten, den Boden und die Henkel habe ich Wildlederimitat von einem Kissenbezug verwendet, aber jeder robuste, einfarbige Stoff eignet sich dafür. Damit die Tasche in Form bleibt, werden Einlagen benötigt (s. S. 116), aber man kann dafür auch alten Stoff nehmen. Auch der Reißverschluss kann gebraucht sein.

MATERIAL

- 1 Stück Pappe, 21 x 16 cm
- Kontrastierende Stoffreste für das Patchwork an Vorder-/Rückseite
- 1 einlagiges Label (s. S. 121)
- 2 Stücke Futterstoff und 2 Einlagen für Vorder-/Rückseite, je 57 x 42 cm
- 2 Stücke einfarbiger Stoff, 2 Stücke Futterstoff und 2 Einlagen für die Seitenteile, je 19 x 27,5 cm
- 1 Stück einfarbiger Stoff, 1 Stück Futterstoff und 1 Einlage für den Boden, je 57 x 19 cm
- 2 Stücke einfarbiger Stoff für die Henkel, je 6 x 70 cm
- passender Nähfaden
- 1 Reißverschluss, ca. 48 cm lang
- 2 Schlauchstücke, Durchmesser 6 mm, Länge 55 cm

1 Verwenden Sie das Stück Pappe als Schablone, und schneiden Sie 18 Flicken aus. Legen Sie deren Anordnung fest: Sie brauchen drei Reihen mit jeweils drei Flicken für Vorder- bzw. Rückseite. Stecken Sie zwei der Flicken an den kurzen Seiten rechts auf rechts, und nähen Sie sie 1,5 cm breit zusammen. Fügen Sie auf dieselbe Weise noch einen weiteren Flicken hinzu. Stellen Sie so fünf weitere Streifen mit drei Flicken her. Bügeln Sie alle Nähte auseinander.

2 Stecken Sie die untere Kante des oberen Streifens rechts auf rechts auf die Oberkante des mittleren Streifen, sodass die Nähte übereinanderliegen. Nähen Sie sie 1,5 cm breit zusammen. Nähen Sie ebenso die obere Kante des unteren Streifens an der unteren Kante des mittleren Streifens fest. Bügeln Sie die Nähte auseinander. Fügen Sie nun für die Rückseite die übrigen drei Streifen auf dieselbe Weise zusammen.

3 Stecken Sie das Label vorne mittig auf der rechten Seite fest, etwa 6,5 cm von der oberen Kante entfernt; steppen Sie um alle Kanten des Labels herum. Markieren Sie vorne und hinten an jeder Seitenkante des Patchworks einen Punkt, der 24,5 cm vom unteren Rand entfernt ist. Schrägen Sie über der Markierung die Seiten bis zur Oberkante ab, sodass diese 51 cm lang ist. Verwenden Sie das Patchworkteil als Schablone, um Vorder- und Rückseiten von Futter und Einlagen in die entsprechende Form zu schneiden. Schneiden Sie mithilfe der dreieckigen Vorlage auf S. 124 die Seitenteile aus einfarbigem Futter- und Einlagenstoff in Form. Verstärken Sie Vorder- und Rückseite aus Patchwork, den Boden und die einfarbigen Seitendreiecke mit Einlagen (s. S. 116).

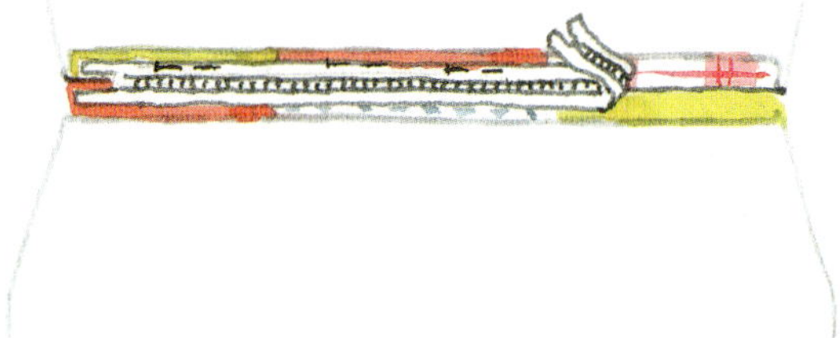

4 Stecken Sie das Vorderteil entlang der Oberkante rechts auf rechts an der Rückseite fest; heften Sie die beiden Teile 1,5 cm breit zusammen. Bügeln Sie die Nähte auseinander. Legen Sie den geschlossenen Reißverschluss mit der Vorderseite nach unten in die Mitte der gehefteten Naht (auf der Rückseite des Stoffes); stecken Sie den Reißverschluss fest, und heften Sie ihn an. Setzen Sie den Reißverschlussfuß in die Nähmaschine ein, legen Sie Stoff und Reißverschluss so darunter, dass die rechte Seite nach oben zeigt, und steppen Sie etwa 5 mm von der Naht entfernt an beiden Seiten des Reißverschlusses entlang. Entfernen Sie alle Heftfäden.

5 Stecken Sie eine lange Kante des Bodens rechts auf rechts an der unteren Kante des Vorderteils fest. Nähen Sie sie 1,5 cm breit zusammen; lassen Sie dabei an den Enden 1,5 cm frei. Verbinden Sie auf dieselbe Weise die andere lange Kante des Bodens mit der unteren Kante der Taschenrückseite. Bügeln Sie die Nähte auseinander.

6 Stecken Sie die Unterkante eines Seitendreiecks rechts auf rechts an einer Seitenkante des Bodens fest. Steppen Sie 1,5 cm breit, lassen Sie dabei an beiden Enden 1,5 cm ungenäht. Es ist einfacher, von der Mitte aus zu den Ecken hin zu nähen.

7 Stecken Sie eine der Seitenkanten des Dreiecks am unteren Teil der Seitenkanten von Vorder- und Rückseite fest. Stecken Sie außerdem Vorder- und Rückseite über dem Dreieck an den Seitenkanten zusammen. Steppen Sie 1,5 cm breit von der Spitze des Dreiecks bis in die vordere untere Ecke. Wiederholen Sie dasselbe hinten. Nähen Sie danach Vorder- und Rückseite 1,5 cm breit über dem Dreieck zusammen. Öffnen Sie den Reißverschluss, und befestigen Sie das andere Dreieck ebenso an der anderen Seite des Bodens und an Vorder- und Rückseite. Bügeln Sie die Nähte auseinander, und wenden Sie die Tasche auf rechts.

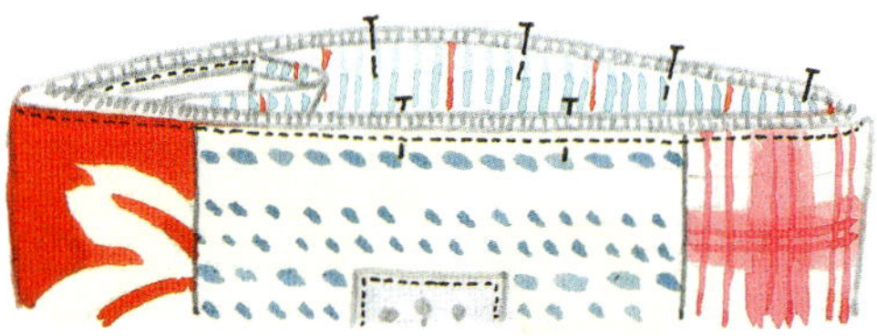

8 Wiederholen Sie die Schritte 5, 6 und 7 mit dem Futter. Schlagen Sie an der oberen Kante 1,5 cm nach links um, und bügeln Sie den umgeschlagenen Teil. Schieben Sie das Futter links auf links in das Patchwork, und stecken Sie es entlang der oberen Kante, unter dem Reißverschluss, fest. Heften und steppen Sie die Oberkanten aneinander. Entfernen Sie den Heftfaden.

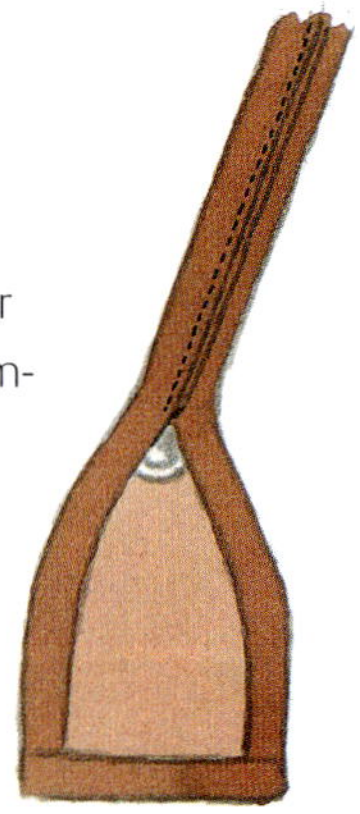

9 Schlagen Sie an den langen Kanten der Henkel 5 mm um, und bügeln Sie den Umschlag. Falten Sie die Henkel der Länge nach links auf links; steppen Sie sie zusammen, lassen Sie aber an beiden Enden 7,5 cm frei. Schieben Sie die Schlauchstücke in diese Stoffschläuche, aber nicht über den genähten Teil hinaus. Drücken Sie die ungenähten Enden der Henkel flach. An den unversäuberten Kanten jedes flachen Endes einen schmalen Saum umschlagen und bügeln.

10 Stecken Sie die flachen Enden der Henkel mit den drei umgebügelten Säumen nach unten auf der rechten Seite von Vorder- bzw. Rückenteil fest. Steppen Sie die drei Kanten der flachen Enden fest.

Einkaufstasche aus Wachstuch

Ich habe diese Tasche aus einem alten Wachstischtuch hergestellt – dies ergibt eine stabile Einkaufstasche, die praktisch und abwaschbar ist. Heutzutage besteht Wachstuch aus Vinyl auf einem Gewebeuntergrund. Vinylbeschichtete Baumwolle ist ähnlich. Eine weitere Alternative wäre, eine normale Baumwolltischdecke zu verarbeiten, die Sie mit Plastik füttern.

MATERIAL

- **1 Stück Wachstuch für Vorder-/Rückseite/Boden, 113 x 33 cm**
- **2 Stücke Wachstuch für die Seitenteile, je 33 x 43 cm**
- **1 Stück Wachstuch für das Bodenfutter, 33 x 33 cm**
- **2 Stücke Wachstuch für die Henkel, je 11 x 68 cm**
- **1 Seitennaht-Label (s. S. 121)**
- **passender Polyester-/Baumwollnähfaden**
- **Seidenpapier oder Kreppband (optional)**
- **1 Stück steifes Plastik oder Pappe, 30 x 30 cm**

1 Verwenden Sie eine 16er-Nadel und eine lange Stichlänge, wenn Sie mit Wachstuch arbeiten. Nähen Sie es mit der linken Seite nach oben, dann rutscht es nicht. Um beim Steppen zu vermeiden, dass es rutscht, können Sie Seidenpapier zwischen Wachstuch und Nähfuß legen oder Kreppband auf die Unterseite des Nähfußes kleben. Wachstuch kann man nicht bügeln, aber wenn man es an einem warmen Ort flach ausbreitet, verschwinden Falten. Das lange Stück Wachstuch bildet Vorder- und Rückseite sowie den Boden. Stecken Sie eine der langen Kanten eines Seitenteils rechts auf rechts an die Seitenkante des langen Stückes, sodass die Oberkanten der beiden Teile zusammen abschließen; nähen Sie sie 1,5 cm breit aneinander. Lassen Sie beim Nähen unten am Seitenteil 1,5 cm offen. Schneiden Sie an dieser Stelle an beiden Teilen in die Nahtzugaben ein.

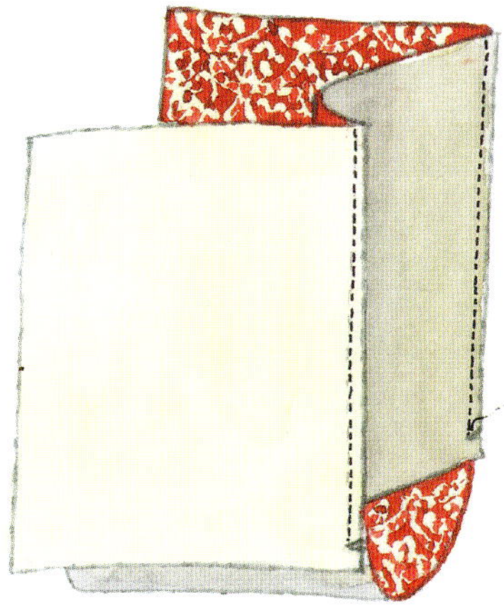

2 Stecken Sie die andere lange Kante dieses Seitenteils rechts auf rechts am anderen Ende derselben Seitenkante fest, sodass die oberen Kanten bündig sind. Der Stoffteil zwischen diesen beiden Seitennähten muss genau dem Boden entsprechen – diesen noch nicht festnähen. Nähen Sie wie in Schritt 1 die festgesteckte Naht, und schneiden Sie die Nahtzugaben ein.

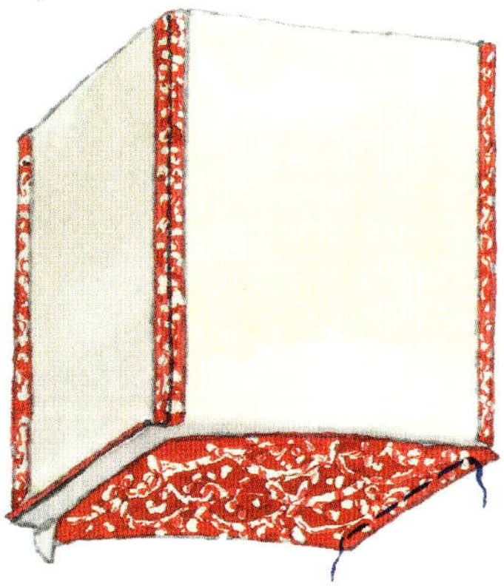

3 Wie in den Schritten 1 und 2 nun das andere Seitenteil an der anderen Seitenkante des Hauptstücks befestigen. Legen Sie das Bodenfutter links auf links auf den Boden, sodass die unversäuberten Kanten aufeinanderliegen. Stecken Sie eine Kante des Bodenfutters an einer Seitenkante des Bodens und an der Unterkante eines Seitenteils, zwischen den Einschnitten, fest; heften Sie das Ganze zusammen. Steppen Sie 1,5 cm breit zwischen den Einschnitten durch alle drei Schichten. Am besten fängt man in der Mitte an und näht jeweils zu den Ecken hin. Die gegenüberliegende Kante des Bodenfutters entsprechend annähen.

4 Schlagen Sie um die gesamte Oberkante einen 7,5 cm breiten Saum ein, und heften Sie ihn fest. Steppen Sie den Saum. Schlagen Sie an allen vier Kanten eines Henkels 5 mm ein, und falten Sie den Henkel dann der Länge nach links auf links. Steppen Sie entlang der umgeschlagenen Kanten. Wiederholen Sie das Ganze mit dem anderen Henkel.

5 Die Enden eines Henkels außen an ein Seitenteil stecken, 5 cm von den Seitennähten entfernt und so, dass die unteren Kanten des Henkels mit dem Saum der Oberkante abschließen; wie dargestellt feststeppen. Den zweiten Henkel genauso am anderen Seitenteil befestigen; vor dem Nähen zwischen Außenkante eines Henkels und Tasche ein Seitennaht-Label einfügen. Das Stück Pappkarton oder Plastik durch eine ungenähte Seite des Bodenfutters zwischen Boden und Futter schieben.

Abendhandtaschen

Weiche Blumen-handtasche

Diese weiche Vintage-Tasche habe ich aus einem alten Rock genäht. Der Rock war gefüttert, und das Futter war ideal, um auch die Tasche damit zu füttern. Die Tasche soll zwar weich sein, aber Sie können sie auch mit Einlagen (s. S. 116) verstärken. Ich habe die Knöpfe mit dem Taschenstoff bezogen – ein hübsches Detail. Das Label verleiht der Tasche einen Designer-Look.

MATERIAL

4 Stücke Hauptstoff für das Band, je 32 x 10 cm

1 Seitennaht-Label (s. S. 121)

2 Stücke Hauptstoff und 2 Stücke Futterstoff für Vorder-/Rückseite, je 41 x 30 cm

2 Stücke Hauptstoff und 2 Stücke Futterstoff für die Henkel, je 6,5 x 58,5 cm

Reste des Hauptstoffs und 4 Knöpfe mit Ösen oder 4 Knöpfe aus einem Set zum Knöpfebeziehen

passender Nähfaden

1 Schneiden Sie mithilfe der Vorlage auf S. 124 die vier Bandteile zu. Legen Sie zwei dieser Teile rechts auf rechts aufeinander, und stecken Sie sie an einem Ende zusammen. Fügen Sie ein Label in die Naht ein, sodass es nach innen zeigt. Nähen Sie die beiden Teile 1,5 cm breit zusammen, klappen Sie sie dann auf und bügeln Sie die Naht auseinander. Fügen Sie die beiden übrigen Bandteile ebenso zusammen, nur ohne Label. Stecken Sie sie dann rechts auf rechts an der oberen Kante (die kürzere der beiden langen Kanten) zusammen, sodass die unversäuberten Kanten und die Nähte jeweils übereinanderliegen. Nähen Sie sie 1,5 cm breit zusammen. Schneiden Sie an den Rundungen die Nahtzugaben ein. Klappen Sie das Band auf, und bügeln Sie die Nähte auseinander.

2 Runden Sie die unteren Ecken an Vorder- und Rückseite mithilfe der Vorlage auf S. 122 ab. Markieren Sie mit Stecknadeln oder einem Markierstift an der oberen Kante des Hauptstoffs vier Bruchkanten für zwei Falten, 7, 5 cm, 9 cm, 12,5 cm und 14 cm von einer der Seitenkanten entfernt; markieren Sie vier weitere Bruchkanten für zwei weitere Falten im gleichen Abstand zur anderen Seitenkante. Stecken Sie die Vorderseite rechts auf rechts an die Rückseite, sodass die Kanten aufeinanderliegen. Nähen Sie sie 1,5 cm breit zusammen. Arbeiten Sie das Futter genauso.

3 Wenden Sie den Hauptstoff auf rechts und das Futter auf links. Schieben Sie das Futter in den Hauptstoff, sodass die linken Seiten aufeinanderliegen. Legen Sie die unversäuberten Kanten aufeinander, und stecken und heften Sie die beiden Teile an der Oberkante zusammen. Stecken und heften Sie die Falten an der gefütterten Oberkante, wie in der Abbildung dargestellt.

4 Klappen Sie das Band auf, und stecken Sie eine der langen Kanten rechts auf rechts an der Oberkante der gefütterten Tasche fest, sodass die Seitennähte übereinanderliegen. Stecken Sie die Enden des aufgeklappten Bandes rechts auf rechts zusammen; passen Sie dabei die Naht so an, dass das Band perfekt oben um die Tasche passt. Entfernen Sie die Stecknadeln aus dem oberen Rand und steppen Sie die Naht, die die beiden Enden des Bandes verbindet. Bügeln Sie die Naht; stecken Sie dann das Band wieder an der Oberkante der Tasche fest. Nähen Sie es 1,5 cm breit fest. Bügeln Sie die Naht.

5 Bügeln Sie an der unversäuberten Kante des Bandes 1,5 cm um. Falten Sie die obere Hälfte des Bandes nach innen auf die Nahtlinie. Stecken Sie die umgeschlagene Kante innen auf die Naht, die Sie in Schritt 4 genäht haben. Heften und steppen Sie die Bandkante dann von der rechten Seite des Bandes aus fest.

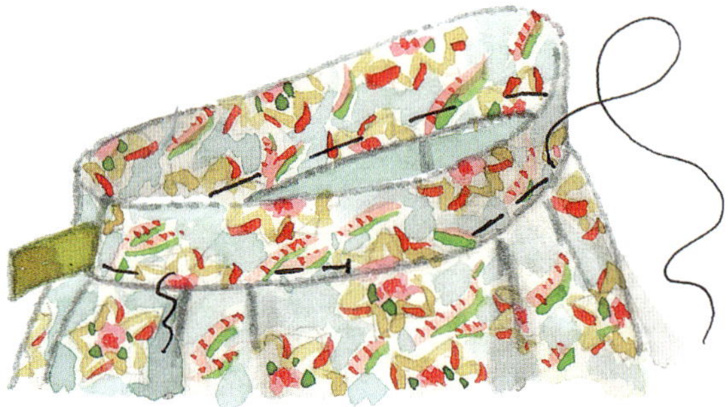

6 Stecken Sie für die Henkel je ein Hauptstoffteil rechts auf rechts auf ein Futterstoffteil. Nähen Sie 5 mm breit an beiden langen Kanten und an einem kurzen Ende entlang. Wenden Sie die Henkel auf rechts, und schlagen Sie am unversäuberten Ende 5 mm nach innen um; nähen Sie es mit dem Überwendlingsstich zu. Fassen Sie die Enden des einen Henkels so zusammen, dass sie nicht breiter sind als die Knöpfe, und stecken Sie sie außen am vorderen Band fest – in der Mitte zwischen Ober- und Unterkante des Bandes und über den Faltenpaaren; steppen Sie die Enden fest. Befestigen Sie den anderen Henkel ebenso auf der Rückseite. Beziehen Sie die vier Knöpfe (s. S. 119), und nähen Sie sie auf die Enden der Henkel. Entfernen Sie die Heftfäden, und bügeln Sie die Tasche.

Vintage-Tasche aus einem Seidentuch

Kombinieren Sie ein Seidentuch und ein Paar dünne Holzgriffe zu einer zauberhaft glänzenden Seidentasche. Hübsche Flowerpower-Tücher aus den 1960er-Jahren oder abstrakte Muster aus den 1970er-Jahren machen sich hier besonders gut. Ich verwende das fließende Material gern ohne Futter, aber wenn Sie wollen, dass Ihre Tasche mehr Stand hat, können Sie sich an der Anleitung für die Tasche mit Holzgriffen (s. S. 11) orientieren, um ein Futter einzuarbeiten.

MATERIALS

- 1 großes Seidentuch
- 1 Seitennaht-Label (s. S. 121)
- passender Nähfaden
- dünnes Seidenpapier oder Papiertücher (optional)
- 1 Paar Holzgriffe

1 Falten Sie den Schal rechts auf rechts. Stecken Sie die Seitenkanten zusammen, und fügen Sie auf einer Seite ein Label ein, sodass es nach innen zeigt. Steppen Sie die Seiten 1,5 cm breit; lassen Sie dabei die letzten 14 cm vor der oberen Kante offen. Um das Nähen auf dem sehr feinen Stoff zu erleichtern, kann man dünnes Seidenpapier oder Papiertücher zwischen Maschine und Stoff legen und hinterher abreißen.

2 Wickeln Sie eine der Oberkanten links auf links um einen der Holzgriffe. Stecken und heften Sie sie mindestens 2,5 cm unter dem Griff fest. Wiederholen Sie das Ganze mit der anderen Oberkante und dem anderen Griff. Nähen Sie den Stoff fest, streichen Sie ihn beim Nähen glatt, und schieben Sie ihn am bereits genähten Teil zusammen. Nähen Sie an den Enden ein paar Stiche von Hand, um den Stoff fest unter dem Griff zu verbinden, damit er an seinem Platz bleibt. Wiederholen Sie das Ganze mit dem anderen Griff. Wenden Sie die Tasche auf rechts, entfernen Sie die Heftfäden, und bügeln Sie sie mit niedriger Temperatur.

Abendhandtasche mit Perlmuttknöpfen

MATERIAL

4 Stücke von einem seidigen Stoff und 2 Einlagen, je 24,5 x 21 cm

Perlmuttknöpfe

2 Stücke von demselben seidigen Stoff für die Henkel, je 14 x 40 cm

Stoffrest, um einen Knopf zu beziehen

Set zum Knöpfebeziehen

kurzes Stück von einem passenden schmalen Band

passender Nähfaden

Für diese hinreißende Abendhandtasche benötigt man jede Menge Perlmuttknöpfe, halten Sie deshalb die Augen offen, wenn Sie in Secondhandläden oder auf Flohmärkten sind. Die hier verwendeten Knöpfe stammen von einem Kissenbezug und einer mit Perlmuttknöpfen besetzten Tasche. Ich habe sie mit dem Seidenstoff eines Pyjamas kombiniert. Wie viele Knöpfe Sie brauchen, hängt von der Größe der Tasche ab. Die von mir verwendeten Knöpfe haben einen Durchmesser von etwa 1,5 cm, und ich habe fast 250 davon verbraucht – sie alle anzunähen ist eine gute Nebenbeschäftigung beim Fernsehen!

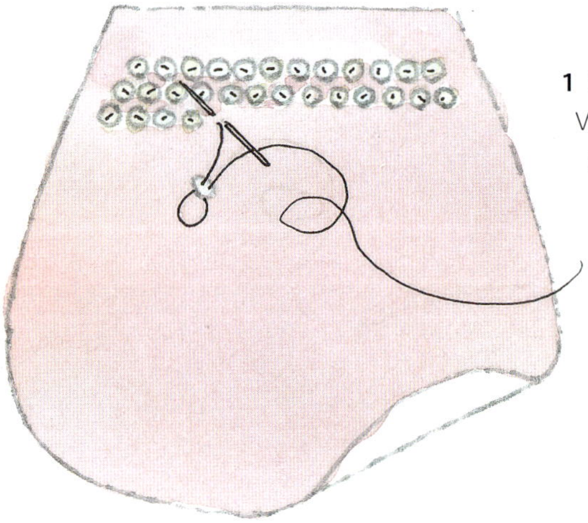

1 Schneiden Sie mithilfe der Vorlage auf S. 125 die vier Stücke Stoff zu. Verstärken Sie zwei davon mit Einlagen (s. S. 116). Nähen Sie Knöpfe auf der rechten Seite von einem der Teile mit Einlage an; lassen Sie dabei rundherum einen Rand von 2 cm frei.

2 Stecken Sie den Teil mit den Knöpfen an den Seiten und unten rechts auf rechts auf den anderen Teil mit Einlage. Nähen Sie die Teile 1,5 cm breit zusammen, achten Sie dabei darauf, keine Knöpfe zu erwischen. Schneiden Sie die Nahtzugaben der Einlagen ab. Schneiden Sie an den Rundungen die Nahtzugaben ein. Bügeln Sie die Naht auseinander, und bügeln Sie am oberen Rand 5 mm um. Verfahren Sie mit den beiden übrigen Stoffteilen ebenso, um das Futter herzustellen.

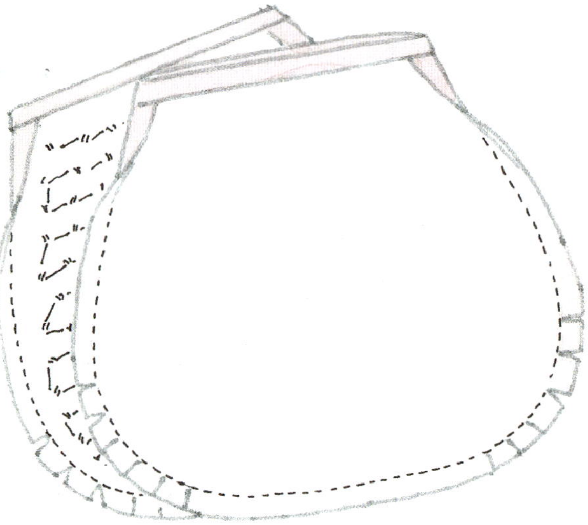

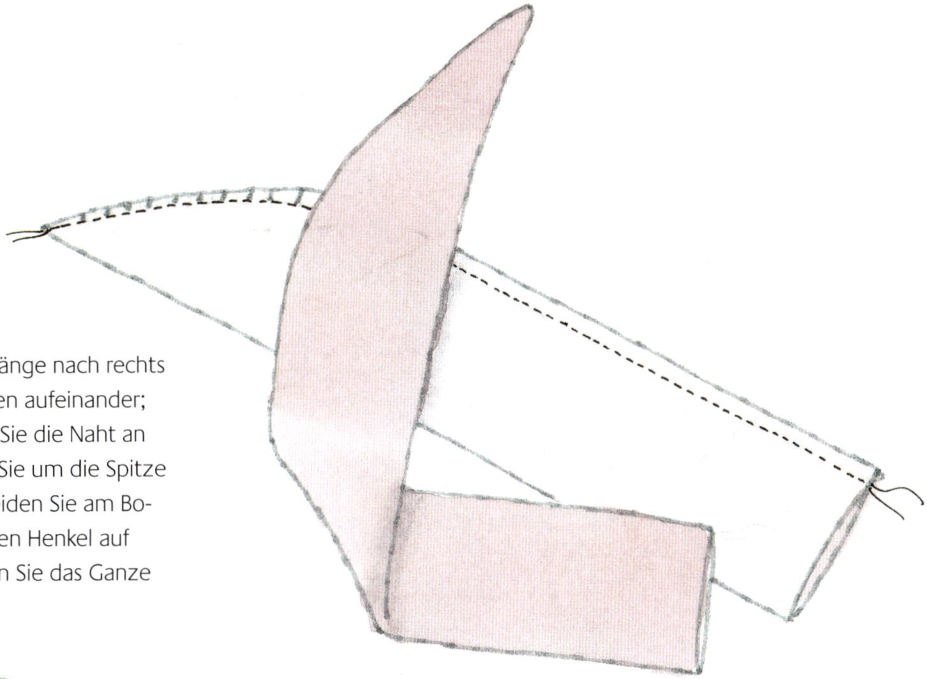

3 Falten Sie eines der Henkelteile der Länge nach rechts auf rechts. Stecken Sie die langen Kanten aufeinander; steppen Sie sie 5 mm breit, und lassen Sie die Naht an einem Ende spitz zulaufen. Schneiden Sie um die Spitze herum die Nahtzugaben ab, und schneiden Sie am Bogen die Nahtzugabe ein; wenden Sie den Henkel auf rechts, und bügeln Sie ihn. Wiederholen Sie das Ganze mit dem anderen Henkel.

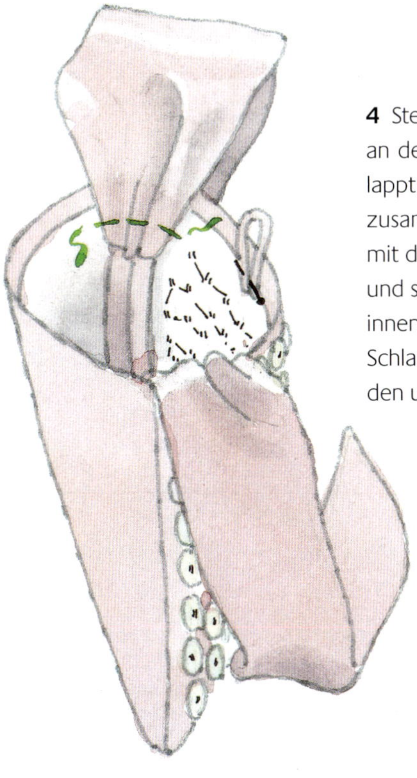

4 Stecken Sie das gerade Ende jedes Henkels oben an der Tasche an den Seitennähten fest, sodass es die Oberkante um 1,5 cm überlappt; fassen Sie dabei, wie auf der Abbildung gezeigt, die Enden zusammen. Heften Sie sie fest. Beziehen Sie den Knopf (s. S. 119) mit dem Stoffrest. Falten Sie das schmale Bändchen auf die Hälfte, und stecken Sie die Schlaufe so, dass sie nach außen zeigt, mittig innen an die hintere Oberkante der Tasche. Passen Sie die Länge der Schlaufe so an, dass sie um den bezogenen Knopf passt und die Enden um 1,5 cm die Kante überlappen; heften Sie die Schlaufe fest.

5 Wenden Sie den Hauptstoff auf rechts und das Futter auf links; schieben Sie das Futter in den Hauptstoff. Stecken und heften Sie die umgeschlagenen Oberkanten zusammen, und steppen Sie rundherum dicht an der Kante entlang. Entfernen Sie die Heftfäden, und bügeln Sie die Tasche. Nähen Sie den Knopf vorne in der Mitte der Oberkante fest. Binden sie die Henkel zusammen.

Abendhandtasche mit Perlenhenkel

Sie haben ein Oberteil gekauft, weil der Stoff so schön war, und dann festgestellt, dass es Ihnen gar nicht steht? Diese Tasche bietet eine gute Gelegenheit, dieses Oberteil zu verwerten. Die Bluse, die ich verwendet habe, hat ein hübsches Retro-Muster; als Henkel habe ich eine alte Perlenkette verwendet. Das Futter stammt von einem Hemd, und selbst die Schlaufe für das Knopfband ist wiederverwertet – sie war der Aufhänger in einem alten Oberteil. Ein Glasknopf verleiht der Tasche einen Hauch von Glamour.

MATERIAL

2 Stücke Hauptstoff und 2 Stücke Futterstoff, je 21 x 22 cm

1 Seitennaht-Label (s. S. 121)

Reste des Hauptstoffs

passender Nähfaden

Perlenkette

1 Stück Band für die Knopfschlaufe

1 Glasknopf

1 Schrägen Sie die Seiten der Stoffteile so ab, dass Sie oben 19 cm und unten 23 cm breit sind, bei einer Höhe von 22 cm. Legen Sie die beiden Hauptteile rechts auf rechts, und stecken Sie sie unten und an den Seiten zusammen. Fügen Sie in eine der Seitennähte ein Label ein, sodass es nach innen zeigt; stecken Sie es fest. Nähen Sie die Teile seitlich und unten 1,5 cm breit zusammen; drehen Sie den Stoff an den Ecken. Schneiden Sie an den Ecken die Nahtzugaben ab. Wiederholen Sie das Ganze mit dem Futterstoff, lassen Sie dabei jedoch unten eine 10 cm lange Öffnung.

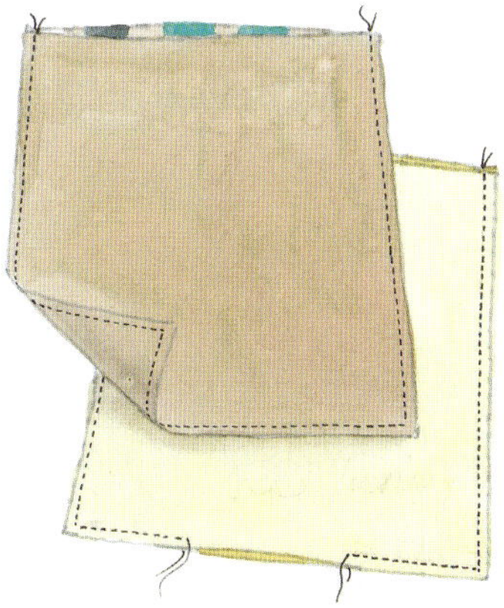

2 Schneiden Sie die Perlenkette auf die richtige Länge für einen Henkel zu; lassen Sie dabei zusätzlich etwa 4 cm Faden hängen. Schneiden Sie dann zwei 2 x 3 cm große Teile aus dem Hauptstoffrest zu. Falten Sie beide der Länge nach, und binden Sie die Perlenkette daran fest; lassen Sie dabei etwa 3 mm zwischen dem Stoff und der ersten Perle frei. Nähen Sie jedes der Stoffstücke von Hand auf eine der Seitennähte des Hauptteils (auf rechts), sodass es vollständig innerhalb der Nahtzugabe von 1,5 cm bleibt. Falten Sie das Band zu einer Schlaufe und stecken Sie es hinten in der Mitte der Oberkante (auf rechts) fest, sodass die Schlaufe nach innen zeigt und die Enden des Bandes mit den unversäuberten Kanten abschließen.

3 Wenden Sie das Futter auf rechts und den Hauptstoff auf links. Schieben Sie das Futter in den Hauptstoff, sodass die rechten Seiten aufeinanderliegen. Legen Sie die Seitennähte aufeinander und stecken Sie die beiden Teile entlang der oberen Kante zusammen. Nähen Sie 1,5 cm breit an der oberen Kante entlang; achten Sie dabei darauf, dass sich die Perlen vollständig unter der Nahtlinie befinden. Wenden Sie die Tasche durch die Öffnung unten im Futter auf rechts, und bügeln Sie sie. Schlagen Sie die Ränder der Öffnung nach innen, stecken Sie sie fest und nähen Sie sie mit dem Überwendlingsstich zu. Schieben Sie das Futter in die Tasche, und bügeln Sie die obere Kante. Nähen Sie den Knopf vorne in die Mitte der Tasche, nahe an der Oberkante.

Taschen für Kinder

Tasche aus Drillich

Diese fröhliche, geräumige Tasche macht sich großartig in einem Kinderzimmer, aber sie ist auch für Erwachsene attraktiv und nützlich. Wenn Sie keinen Drillich haben, können Sie sie aus einem anderen robusten Einrichtungsstoff herstellen, zum Beispiel aus alten Vorhängen. Besonders pfiffig ist das Motiv in der Mitte, das aus einem Geschirrtuch ausgeschnitten ist.

MATERIAL

1 Stück Drillich für die aufgesetzte Tasche (so ausgeschnitten, dass die Streifen horizontal verlaufen), 36 x 19,5 cm

1 Stück Drillich für Vorder-/Rückseite (so ausgeschnitten, dass die Streifen vertikal verlaufen), 112 x 33 cm

1 Stück Drillich für das Band (so ausgeschnitten, dass die Streifen horizontal verlaufen), 112 x 29 cm

1 Stück Drillich und ein Stück dickes Plastik für den Boden, 42 x 28 cm

2 Stücke Drillich für die Henkel (so ausgeschnitten, dass die Streifen horizontal verlaufen), 14 x 81 cm

1 Stück kontrastierender Stoff für das Motiv, 15 x 9,5 cm

passender und kontrastierender Nähfaden

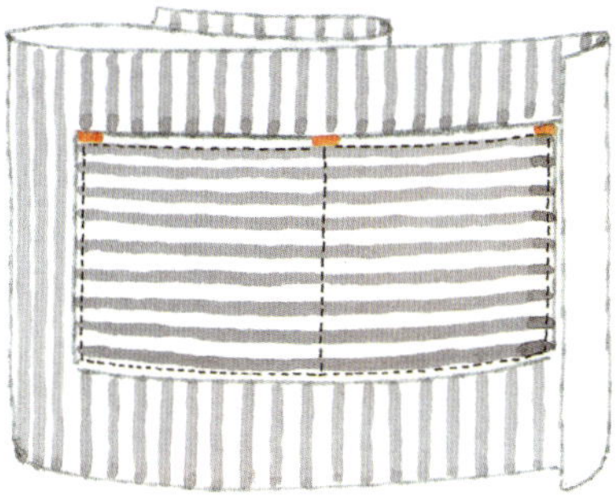

1 Schlagen Sie am Taschenteil an den Seiten und unten 1,5 cm um, und bügeln Sie den umgeschlagenen Teil. Schlagen Sie an der Oberkante zuerst 5 mm, dann weitere 2 cm um, und bügeln Sie den umgeschlagenen Teil; steppen Sie diesen Saum obenherum fest. Legen Sie die Tasche mit der rechten Seite nach oben auf die rechte Seite von Vorder-/Rückseite, 10 cm von der rechten Kante entfernt, in die Mitte zwischen Ober- und Unterkante. Stecken und heften Sie sie fest, und steppen Sie dann an den Seiten und der unteren Kante entlang sowie von oben nach unten durch die Mitte. Nähen Sie mit einem kontrastierenden Nähfaden kurze Abschnitte Zickzackstich oben in die Ecken und in die Mitte.

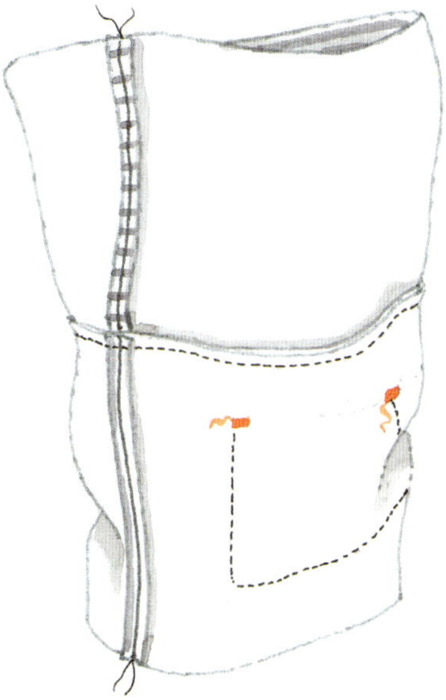

2 Stecken Sie die kurzen Kanten von Vorder-/Rückseite rechts auf rechts mit 1,5 cm Kantenabstand zusammen. Verwenden Sie die Vorlage auf S. 125, um aus dem Drillich einen ovalen Boden auszuschneiden. Überprüfen Sie dann, ob Vorder-/ Rückseite genau zum Boden passen. Stecken Sie dazu die untere Kante von Vorder-/Rückseite vorübergehend rechts auf rechts, mit einer Nahtzugabe von 1,5 cm, am Boden fest. Passen Sie die Breite der Seitennaht an, falls notwendig. Lösen Sie den Boden wieder, und nähen Sie die Seitennaht zu. Stecken Sie die kurzen Kanten des Bandes rechts auf rechts zusammen, und fertigen Sie eine Naht an, die genauso breit ist wie die Seitennaht. Bügeln Sie beide Nähte auseinander, und versäubern Sie die Kanten mit Zickzackstich. Stecken Sie dann die Unterkante des Bandes rechts auf rechts auf die Oberkante von Vorder-/Rückseite, sodass die Seitennähte aufeinanderliegen. Nähen Sie die Kanten 1,5 cm breit zusammen. Bügeln Sie die Nahtzugaben dann in Richtung Band, und öffnen Sie das Band wie auf der Abbildung.

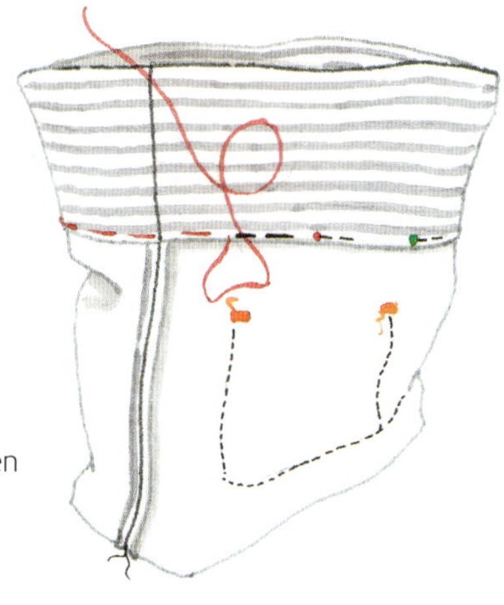

3 Schlagen Sie am oberen Rand des Bandes 1,5 cm um, und bügeln Sie den umgeschlagenen Teil. Falten Sie nun das Band links auf links auf die Hälfte, und stecken Sie den untergeschlagenen Teil über der Naht fest, die Sie in Schritt 2 angefertigt haben; bedecken Sie dabei die Nahtzugaben. Heften Sie das Ganze an.

4 Steppen Sie das Band von der rechten Seite der Tasche aus dicht an der Kante fest. Schlagen Sie an allen vier Kanten des kontrastierenden Stoffes 5 mm um; bügeln Sie das Ganze. Stecken und heften Sie das Motiv vorne in der Mitte auf dem Band fest. Steppen Sie an allen vier Kanten des Motivs entlang.

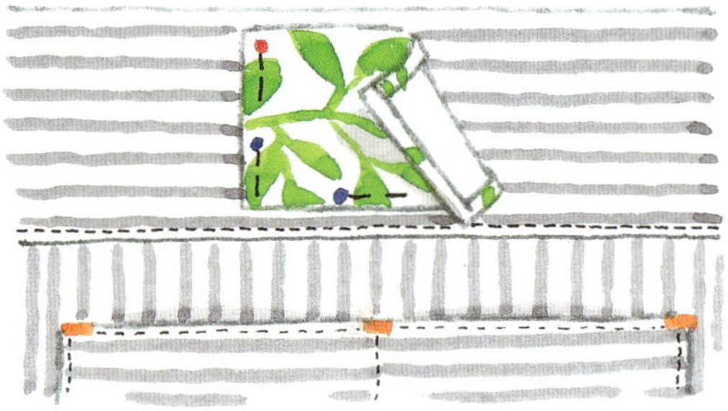

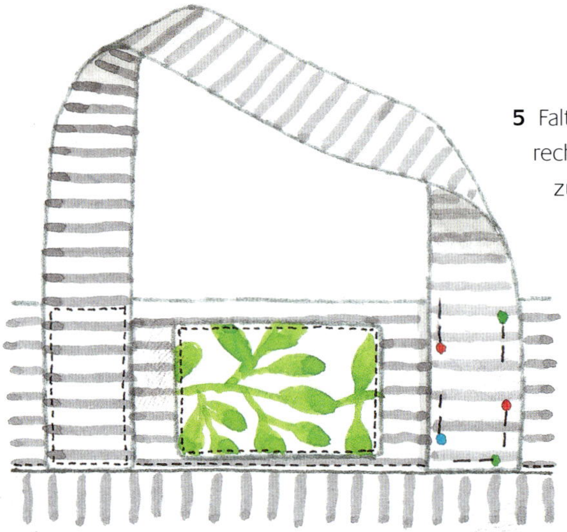

5 Falten Sie einen der Henkel der Länge nach rechts auf rechts. Stecken Sie ihn an den Seiten und an einem Ende zusammen; nähen Sie ihn dann 5 mm breit zu. Wenden Sie ihn auf rechts, und schlagen Sie am offenen Ende 5 mm ein; heften Sie das Ende zusammen. Wiederholen Sie das Ganze mit dem anderen Henkel. Stecken Sie die Enden des einen Henkels an der Vorderseite auf das Band, 4,5 cm von den Seiten entfernt und so, dass die unteren Kanten mit der unteren Kante des Bandes abschließen. Steppen Sie sie wie auf der Abbildung fest. Befestigen Sie den anderen Henkel ebenso an der Rückseite.

6 Schneiden Sie das Plastik so zu, dass es dem Boden aus Drillich entspricht. Stecken Sie das Plastik auf der linken Seite des Drillichs fest, und heften Sie an den Kanten entlang. Wenden Sie die Tasche auf links, stecken Sie den Boden rechts auf rechts an der unteren Kante der Tasche an, sodass die unversäuberten Kanten aufeinanderliegen. Stecken, heften und nähen Sie 1,5 cm breit den Boden rundherum an; versäubern Sie die Nahtzugaben mit Zickzack. Wenden Sie die Tasche auf rechts, bügeln Sie sie, und entfernen Sie die Heftfäden.

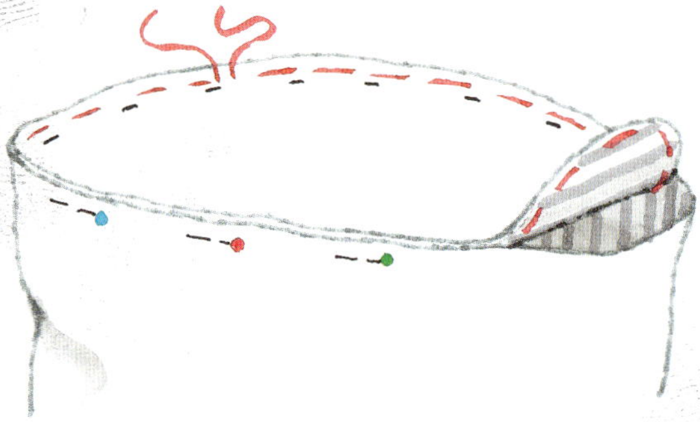

LEVI STRAUSS & CO.
Universal
missedith
CLASSIC JEANS
ROCHA.JOHN ROCHA
LEVI STRAUSS & CO.
QUALITY CLOTHING
501
GEORGE
GREATPLAINS
MAAC
m-o-t-o
redherring
DENIM CO
Ben Sherman
Chilli
oasis
Rare
YESSICA
BERSHKA
FALL & WINTER
ROCHA.JOHN ROCHA
Ben Sherman
JIGSAW
BLUE HARBOUR
Monsoon
GAP

Tasche aus Labels

Wenn ich Taschen nähe, verwende ich viele alte Kleidungsstücke. Die Etiketten bewahre ich dabei immer auf. Wenn man Sie aneinandernäht, erhält man ein einzigartiges, auffallendes Patchwork mit einer attraktiven Mischung von Stilen und Farbkontrasten. Diese Patchworkarbeit ist definitiv ein Liebesdienst, vielleicht verwenden Sie diese Technik lieber für eine der kleineren Taschen in diesem Buch. Als Henkel verwende ich von Geschenkverpackungen aufbewahrte Bänder; Rückseite und Futter bestehen aus Stoffen von Hemden. Der Teil des Hemdes, den ich verwendet habe, hatte kleine Knopfschlaufen, die ich zusammen mit einem Knopfband eingearbeitet habe, aber Sie können auch Knopflöcher anstatt der Schlaufen verwenden.

MATERIAL

- **1 Stück Hemdenstoff mit Knopfschlaufen oder -löchern an einer Kante, für die Vorderseite des Futters, 23 x 23 cm**
- **1 Stück Hemdenstoff mit Knöpfen an einer Kante, für die Rückseite des Futters, 23 x 23 cm**
- **1 Stück Hemdenstoff für die Taschenrückseite, 23 x 24 cm**
- **Auswahl an Etiketten/Labels für die Vorderseite**
- **1 Band, 140 cm lang**
- **passender Nähfaden**

1 Mit dem Knopfband bzw. dem Knopfschlaufenband als Oberkante schneiden Sie die Seiten der Futterteile so zurecht, dass sie oben jeweils 23 cm und unten 20,5 cm breit sind, bei einer Höhe von 23 cm. Legen Sie die Taschenrückseite Unterkante auf Unterkante unter eines von diesen Teilen, und schneiden Sie sie wie das Futter zu.

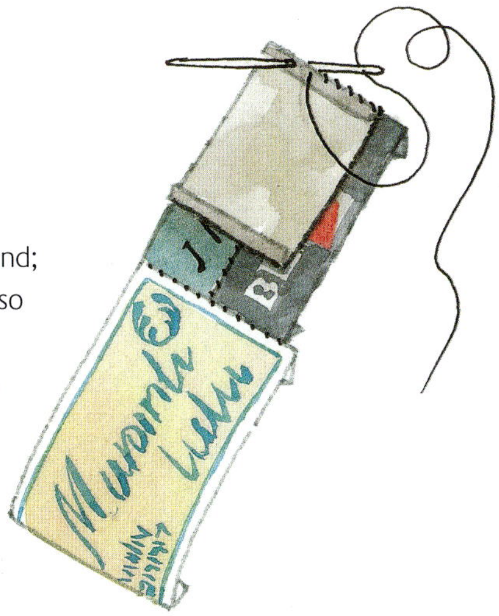

2 Legen Sie für die Vorderseite die Labels auf einen flachen Untergrund; arrangieren Sie sie wie ein Puzzle, bis der Bereich, den sie bedecken, so groß ist wie das Futter. Die Oberkante muss gerade sein! Sie werden etwa 3 mm an allen unversäuberten Kanten umschlagen und bügeln müssen (außer an denen, die an den Seiten oder an der Unterkante des Taschenvorderteils sind). Nähen Sie nebeneinanderliegende Labels so zusammen: Legen Sie sie rechts auf rechts und nähen Sie sie von Hand mit dem Überwendlingsstich wie gezeigt zusammen. Klappen Sie die Labels nach dem Nähen wieder auf. Bügeln Sie die Vorderseiten, wenn Sie damit fertig sind.

missedich
CLASSIC JEANS
ROCHA.JOHN ROCHA
LEVI STRAUSS
ORIGINAL
QUALITY

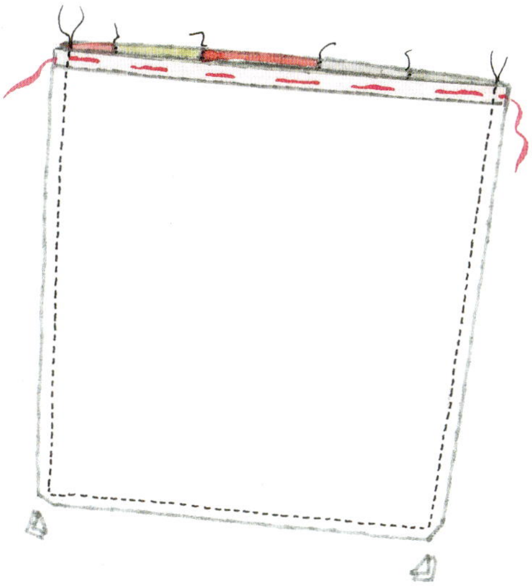

3 Schlagen Sie an der Oberkante der Rückseite 1 cm um; bügeln Sie den umgeschlagenen Teil, und heften Sie ihn fest. Legen Sie Vorder- und Rückseite rechts auf rechts aufeinander, und stecken und nähen Sie sie an den Seiten und unten 1 cm breit zusammen. Drehen Sie dabei den Stoff an den Ecken. Bügeln Sie die Tasche. Schneiden Sie die Vorderseite so zu, dass sie zur Rückseite passt, und schneiden Sie an den Ecken die Nahtzugaben ab. Legen Sie Vorder- und Rückseite des Futters rechts auf rechts, stecken und nähen Sie sie auf dieselbe Weise zusammen.

4 Wenden Sie den Hauptstoff auf rechts und das Futter auf links; schieben Sie das Futter in den Hauptstoff, sodass die linken Seiten aufeinanderliegen. Falten Sie das Band auf die Hälfte, und stecken Sie das gefaltete Ende an einer Ecke der Oberkante der Tasche so fest, dass es zwischen Hauptstoff und Futter liegt. Messen Sie von den losen Enden des Bandes 14 cm ab, und nähen Sie an dieser Stelle beide Hälften des Bandes außen an die Tasche. Stecken Sie das Futter entlang der Oberkante am Hauptstoff fest, und steppen Sie es dicht am Rand. Entfernen Sie die Heftfäden, und bügeln Sie die Tasche. Binden Sie die losen Enden des Bandes an der Seite zu einer Schleife.

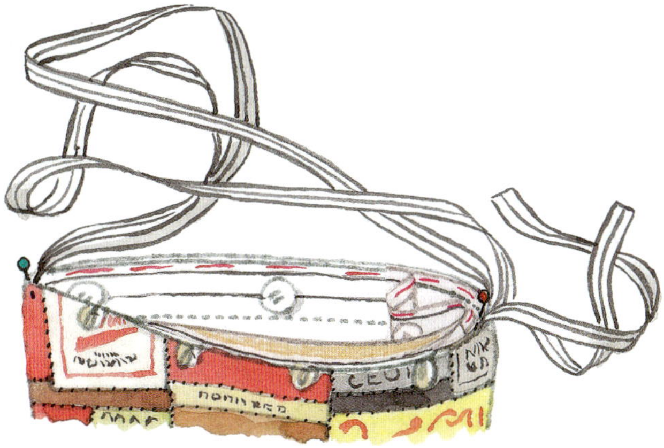

Täschchen aus Beanie-Mütze

Dieses bezaubernde Wolltäschchen wurde aus einer Beanie-Mütze genäht, die vorher gefilzt wurde. Der daran befestigte Vogel besteht aus einem Fleece-Handschuh, der seinen Partner verloren hat. Oben wird das Täschchen von einem gebrauchten Reißverschluss fest verschlossen – Recycling ist eine großartige Methode, Dingen, die hinten im Schrank herumliegen, neues Leben einzuhauchen.

MATERIAL

- 1 gefilzte Beanie-Mütze aus Wolle oder gefilzte Wolle von einem Pullover (s. S. 116)
- 2 Stücke Futterstoff, je 20,5 x 18 cm
- 1 Reißverschluss, ca. 15 cm lang
- 1 Seitennaht-Label (s. S. 121)
- 1 Stück Fleece für den Vogel, ca. 15 x 15 cm
- 1 kontrastierender Stoffrest für den Vogelflügel
- Stickgarn in beliebigen Farben
- Füllwatte oder zerschnittene Feinstrumpfhosen für die Füllung
- 1 kleines Stück Kordel oder Band
- passender Nähfaden

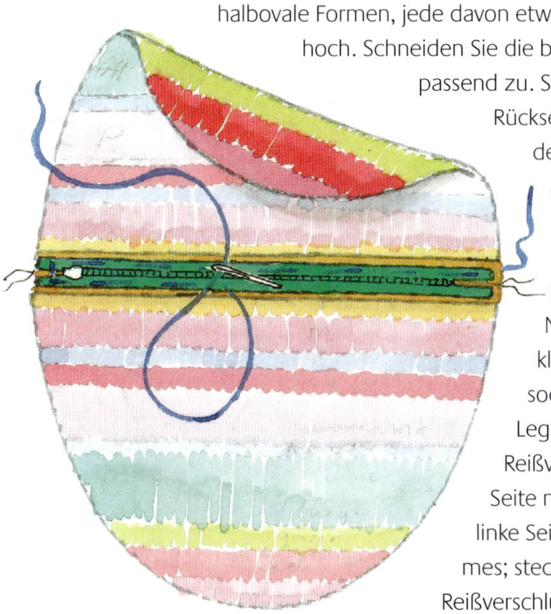

1 Schneiden Sie den Filz für Vorder- und Rückseite in zwei halbovale Formen, jede davon etwa 18 cm breit und 16 cm hoch. Schneiden Sie die beiden Futterstoffstücke passend zu. Stecken Sie Vorder- und Rückseite aus Filz an der geraden Kante rechts auf rechts aufeinander; heften Sie sie mit einem Kantenabstand von 1,5 cm zusammen. Bügeln Sie die Nähte auseinander, und klappen Sie die Teile auf, sodass sie ein Oval bilden. Legen Sie den geschlossenen Reißverschluss mit der rechten Seite nach unten mittig auf die linke Seite des gehefteten Saumes; stecken und heften Sie den Reißverschluss nahe den Rändern des Reißverschlussbandes an. Legen Sie die Teile mit der rechten Seite nach oben, und steppen Sie mit dem Reißverschlussfuß etwa 5 mm von der Naht entfernt beide Seiten des Reißverschlusses fest. Entfernen Sie anschließend alle Heftfäden.

2 Legen Sie das Teil rechts auf rechts zusammen, sodass die Kanten aufeinanderliegen, stecken Sie entlang der Kante Vorder- und Rückseite zusammen. Fügen Sie ein Label in die gesteckte Naht ein, sodass es nach innen zeigt. Steppen Sie die Naht 1,5 cm breit; nähen Sie dabei über die Enden des Reißverschlussbands. Achtung, nicht über die Enden des Reißverschlusses nähen! Schneiden Sie die Nahtzugaben an den Rundungen ein, und schneiden Sie die Enden des Reißverschlussbands, die außerhalb der Naht liegen, ab.

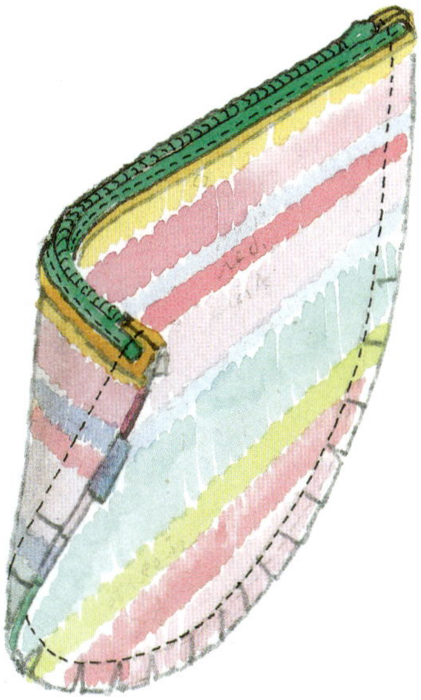

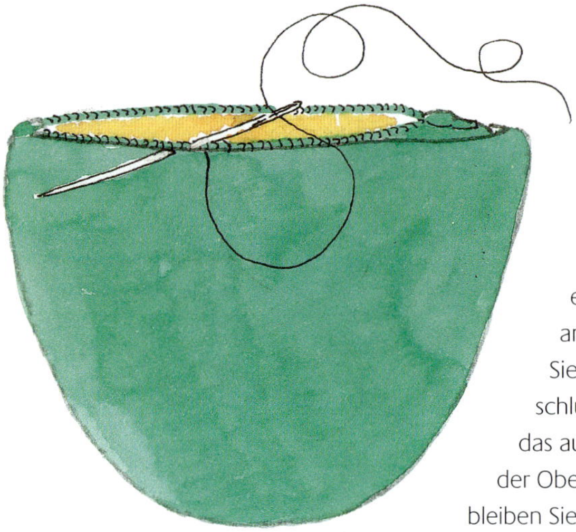

3 Stecken Sie Vorder- und Rückseite des Futters entlang der geschwungenen Kanten rechts auf rechts zusammen. Nähen Sie sie 1,5 cm breit zusammen. Schneiden Sie an den Rundungen die Nahtzugaben ein, und bügeln Sie die Naht auseinander. Schlagen Sie an den beiden geraden Kanten 1,5 cm um, und bügeln Sie den umgeschlagenen Teil. Öffnen Sie den Reißverschluss, und schieben Sie das auf links gedrehte Filzteil in das auf rechts gedrehte Futter, und nähen Sie das Futter an der Oberkante mit dem Überwendlingsstich am Filzstoff fest; bleiben Sie dabei unter den Zähnen des Reißverschlusses. Wenden Sie das Ganze auf rechts.

4 Schneiden Sie mithilfe der Vorlage auf S. 125 zwei Vögel aus dem Fleece und zwei Flügel aus dem kontrastierenden Stoff aus. Nähen Sie je einen Flügel auf die rechte Seite von Vorder- und Rückseite, und sticken Sie mit dem Knötchenstich je ein Auge.

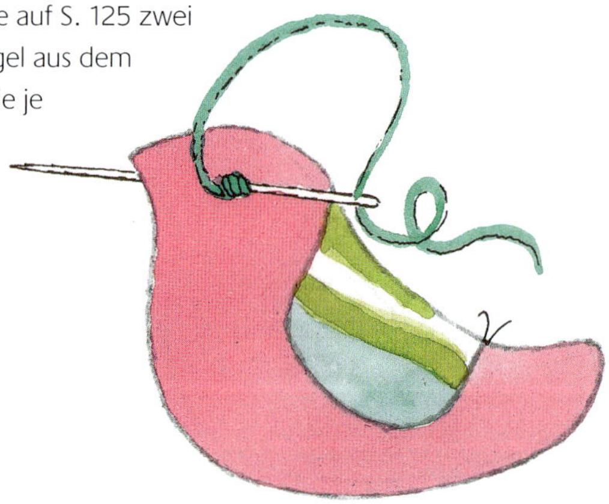

5 Stecken Sie Vorder- und Rückseite des Vogels rechts auf rechts zusammen. Fügen Sie oben ein kurzes Stück Kordel oder Band in die Naht ein; der längere Teil der Kordel sollte innen sein. Nähen Sie 5 mm breit einmal rundherum, und lassen Sie dabei unten eine Öffnung. Wenden Sie den Vogel auf rechts, und füllen Sie ihn mit dem Füllmaterial. Schlagen Sie die Kanten der Öffnung nach innen, stecken Sie sie fest, und nähen Sie die Öffnung mit dem Überwendlingsstich zu. Schieben Sie das freie Ende der Kordel zwischen die Überwendlingsstiche oben am Täschchen, und nähen Sie ein paar Stiche von Hand, um sie zu befestigen.

Eulentasche

Die Anfertigung dieser Tasche braucht etwas mehr Zeit als bei einigen der einfacheren Projekte in diesem Buch, aber der Aufwand lohnt sich – die Tasche wird zum Lieblingsstück jedes Kindes werden. Für die Tasche selbst habe ich eine alte Decke verwendet, ein gefilzter Wollpulli würde aber genauso gehen. Die Eule und der applizierte Baum mit Blättern wurden aus Resten von alten Kleidern und einem Handschuh angefertigt.

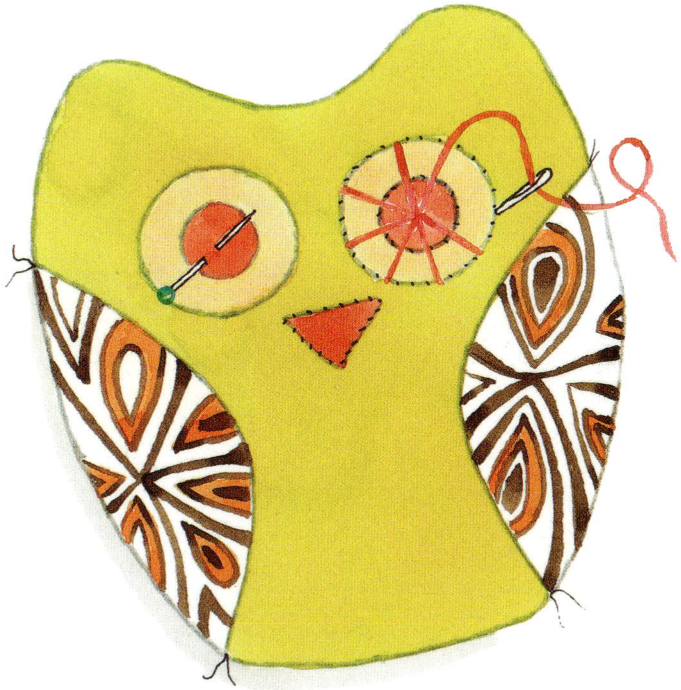

MATERIAL

- 1 Stück von einem grünen Strickpulli für Vorder- und Rückseite der Eule und für die Blätter, 24 x 15 cm
- 1 Stück Musterstoff für die Eulenflügel, 10 x 20 cm
- 1 Stück weißer Filz für den äußeren Rand der Eulenaugen
- 1 Stück orangefarbener Filz für den Schnabel, das Innere der Eulenaugen und die Blätter
- rosa Faden oder Stickgarn für die Ohrpinsel der Eule und die Stickerei auf den Augen
- Füllwatte oder zerschnittene Feinstrumpfhosen für die Füllung der Eule
- 2 Stücke von einer Decke und 2 Stücke Baumwollstoff für Vorder-/Rückseite, je 38 x 30 cm
- 1 Stück grauer gefilzter Wollstoff für den Baum, 26 x 28 cm
- 1 Stück grauer gefilzter Wollstoff für die Innentasche, 12,5 x 18 cm
- 1 Seitennaht-Label (s. S. 121)
- 2 Stücke von einer Decke und 2 Stücke Baumwollstoff für die Henkel, je 6 x 44 cm
- passender Nähfaden

1 Schneiden Sie mithilfe der Vorlagen auf S. 126 eine Eulenvorderseite und -rückseite aus grünem Strickstoff, vier Flügel aus dem Musterstoff, zwei Kreise aus weißem Filz für die Augen sowie aus orangefarbenem Filz zwei Kreise für das Innere der Augen und den Schnabel zu. Stecken Sie einen Flügel rechts auf rechts vorne auf der Eulenvorderseite fest. Heften und steppen Sie ihn 5 mm breit fest. Wiederholen Sie das Ganze mit dem anderen Flügel und dann mit den beiden Flügelteilen hinten an der Eule. Bügeln Sie die Nähte von den Flügeln weg. Stecken Sie den inneren Augenkreis auf den äußeren, und nähen Sie ihn mit dem Überwendlingsstich fest. Befestigen Sie auf dieselbe Weise die Augen und den Schnabel vorne an der Eule. Sticken Sie mit einer Sticknadel und Faden oder Stickgarn die Augen der Eule mit Spannstichen (gerade Stiche, die von der Mitte jeden Auges ausgehen); führen Sie dabei jedes Mal die Nadel durch die Mitte des Auges.

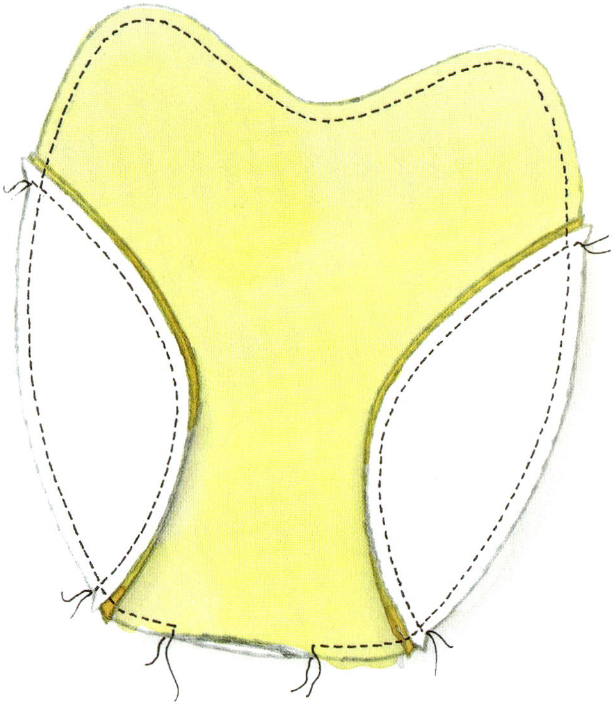

2 Stecken Sie die Vorderseite der Eule rechts auf rechts auf die Rückseite, und nähen Sie sie 5 mm breit entlang den Kanten zusammen; lassen Sie dabei unten eine Öffnung. Wenden Sie die Eule auf rechts und stopfen Sie sie mit Füllmaterial aus. Schlagen Sie die Kanten der Öffnung nach innen, stecken Sie sie fest, und nähen Sie sie mit dem Überwendlingsstich zu.

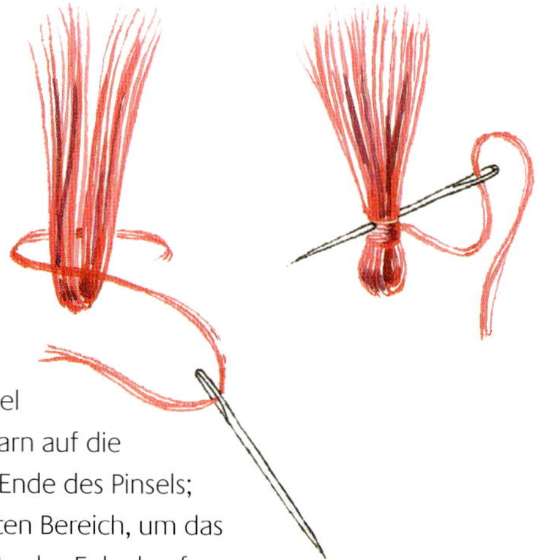

3 Schneiden Sie für die Ohrpinsel der Eule einige 5 cm lange Stücke Faden oder Garn zu, legen Sie sie so, dass die Enden auf gleicher Höhe sind, und falten Sie das Bündel auf die Hälfte. Fädeln Sie ein längeres Stück Faden oder Garn auf die Sticknadel und wickeln Sie es mehrmals um das gefaltete Ende des Pinsels; führen Sie die Nadel dann mehrmals durch den umwickelten Bereich, um das Ende zu befestigen. Nähen Sie den Ohrpinsel an einer Seite des Eulenkopfes fest. Wiederholen Sie das Ganze für den anderen Ohrpinsel.

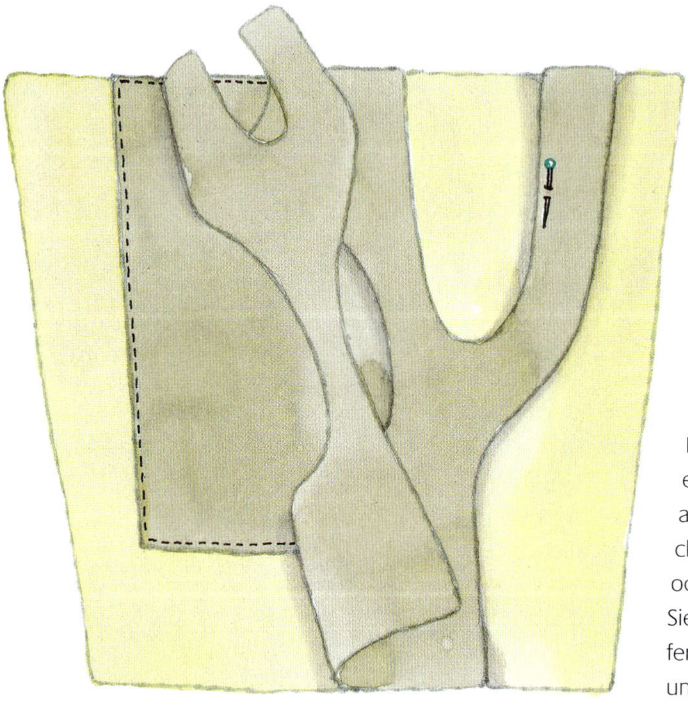

4 Schrägen Sie Vorder-/Rückseite von Hauptstoff und Futterstoff an den Seiten so ab, dass sie oben 38 cm, unten 27,5 cm breit und 30 cm hoch sind. Schneiden Sie mithilfe der Vorlage auf S. 126 einen Baum aus dem grauen Wollstoff zu. Legen Sie den Baum mit der rechten Seite nach oben auf die rechte Seite der Taschenvorderseite, und platzieren Sie die Innentasche so zwischen Baum und Vorderseite, dass Sie mittig hinter dem Loch liegt. Entfernen Sie den Baum, stecken Sie die Innentasche fest, und steppen Sie dicht an allen vier Kanten entlang. Heften Sie den Baum an seinen Platz; schlagen Sie dabei 5 mm unter. Schneiden Sie an engen Kurven vor dem Umschlagen in die Nahtzugabe. Steppen Sie dicht an allen Kanten des Baumes entlang. Schneiden Sie mithilfe der Vorlage auf S. 126 Blätter aus dem grünen Stoff und dem orangefarbenen Filz aus. Stecken Sie sie in Position, und steppen Sie sie an der Tasche fest, oder befestigen Sie sie mit dem Überwendlingsstich. Stellen Sie die Tasche wie die Eimertasche S. 108 – 111, Schritte 2 – 6, fertig, lassen Sie aber in Schritt 2 eine größere Öffnung in der unteren Futternaht. Stecken Sie die Eule in die Tasche.

Variation

Für dieses Projekt wurde eine Eule verwendet, Sie können aber eine ganze Reihe von Tieren anfertigen, indem Sie einfach andersfarbige Stoffe verwenden und andere Merkmale hinzufügen. Nähen Sie Schnurrhaare aus Schnur, und schneiden Sie die Pupillen elliptisch zu – schon haben Sie eine Katze. Für ein Rotkehlchen verwenden Sie braunen Stoff und schneiden dann einen roten Kreis aus, den Sie unten am Vogel festnähen, um die rote Brust darzustellen.

Mini-Eimertasche

Mit diesen süßen Mini-Eimertaschen können Sie das Leben all der hübschen Blumenkleider, karierten Hemden und Lieblingsoberteile verlängern, aus denen die Kinder herausgewachsen sind. Entzückend, wie sie so an den Haken hängen und all die kleinen Dinge verwahren, die sich im Kinderzimmer anhäufen. Darüber hinaus sind sie schnell und einfach zu nähen. Wählen Sie für das Futter einen Stoff, der einen farbenfrohen Kontrast zum Hauptstoff darstellt.

MATERIAL (FÜR 1 TASCHE)

2 Stücke Hauptstoff und 2 Stücke Futterstoff für Vorder- und Rückseite, je 27 x 21 cm

1 einlagiges Label oder 1 Seitennaht-Label (s. S. 121)

2 Stücke Hauptstoff und 2 Stücke Futterstoff für die Henkel, je 6 x 31 cm

1 Stück Stickgarn oder dünne Kordel für die Knopfschlaufe, ca. 6,5 cm lang (optional)

1 Knopf (optional)

passender Nähfaden

1 Schrägen Sie Vorder- und Rückseiten von Hauptstoff und Futterstoff so ab, dass sie oben 27 cm und unten 13,5 cm breit sind, bei einer Höhe von 21 cm. Wenn Sie ein einlagiges Label verwenden, dann stecken und steppen Sie es jetzt vorne in der Mitte fest.

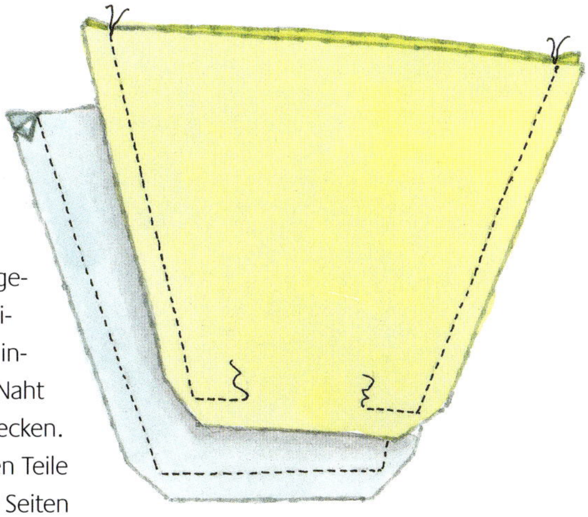

2 Stecken Sie Vorder- und Rückseite des Hauptstoffs an den Seitenkanten und unten rechts auf rechts zusammen. gegebenenfalls das Seitennaht-Label nach innen zeigend in die Naht einfügen und feststecken. Nähen Sie die beiden Teile 1,5 cm breit an den Seiten und unten zusammen. Schneiden Sie an den Ecken die Nahtzugaben ab, bügeln Sie die Naht auseinander. Wiederholen Sie das Ganze mit Vorder- und Rückseite des Futterstoffs, lassen Sie aber unten eine 6 cm große Öffnung in der Naht.

3 Ein Henkelteil aus Hauptstoff rechts auf rechts auf eines aus Futterstoff stecken; 5 mm breit an den langen Kanten steppen. Den anderen Henkel genauso nähen, dann beide Henkel auf rechts bügeln.

4 Stecken Sie die Enden des einen Henkels 4 cm von den Seitenkanten entfernt auf der rechten Seite des Vorderteils fest, sodass die unversäuberten Kanten aufeinanderliegen und das Henkelfutter nach innen zeigt; heften Sie den Henkel fest. Stecken und heften Sie den anderen Henkel genauso an der Rückseite fest. Wenn Sie eine Knopfschlaufe einarbeiten wollen, stecken Sie sie wie auf S. 120 (oben links) gezeigt fest.

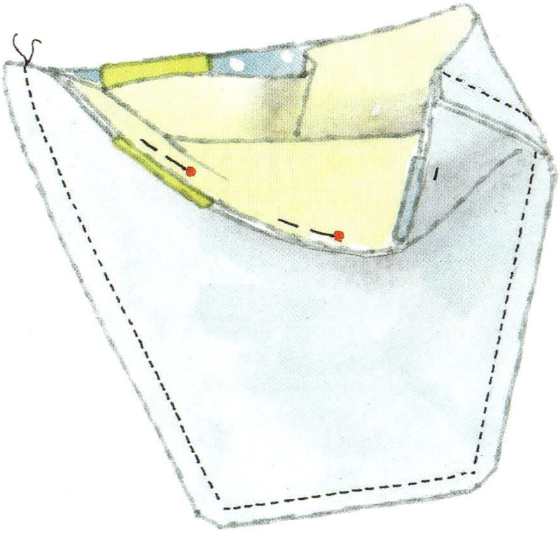

5 Wenden Sie das Futter auf rechts und den Hauptstoff auf links; schieben Sie das Futter in den Hauptstoff, sodass sie rechts auf rechts aufeinanderliegen. Stecken Sie das Futter an der gesamten Oberkante am Hauptstoff fest, und steppen Sie die beiden Teile 1,5 cm breit zusammen; nähen Sie dabei über die Enden der Henkel und die Knopfschlaufe, sofern Sie eine eingefügt haben.

6 Wenden Sie die Tasche durch die Öffnung unten am Futter auf rechts. Schlagen Sie die unversäuberten Kanten der Öffnung nach innen, stecken Sie sie fest, und schließen Sie die Öffnung mit dem Überwendlingsstich. Schieben Sie das Futter in die Tasche. Wenn Sie einen Knopf verwenden, nähen Sie ihn nun vorne in der Mitte fest.

Blaue Jeanstasche mit Knöpfen

Diese lustige blaue Jeanstasche, die mit großen, farbenfrohen Buttons und bezogenen Knöpfen verziert ist, gibt ein großartiges Geschenk für ältere Kinder oder Teenager ab. Sie können dann selbst noch Buttons hinzufügen. Die Tasche hat einen langen Riemen, den man quer über den Körper ziehen kann, deshalb würde sich eine größere Version davon auch gut als Schultasche machen.

MATERIAL

- 1 Stück Musterstoff für die Klappe, 30 x 35 cm
- 1 Stück Jeansstoff für die Klappe, 22 x 29 cm
- 1 Stück einfarbiger Stoff für die Vorderseite, 27 x 31,5 cm
- 1 Stück Musterstoff für die Rückseite, 27 x 33,5 cm
- 1 Seitennaht-Label (s. S. 121)
- 2 Stücke Futterstoff, je 27 x 32,5 cm
- 1 Stück Jeansstoff für den Riemen
- einige farbenfrohe Stoffreste, um Knöpfe zu beziehen
- Ösenknöpfe oder Knopfrohlinge aus einem Set zum Knöpfebeziehen
- passender Nähfaden
- Buttons (optional)

1 Schlagen Sie an den beiden langen Kanten des gemusterten Klappenteils jeweils 3 cm um. Schlagen Sie an einer der kurzen Kanten zunächst 2 cm, danach weitere 3 cm um. Dies ergibt die Unterkante der Klappe, sie zeigt auf den Abbildungen zu diesen Schritten jedoch nach oben. Das Stoffteil sollte jetzt eine Größe von 24 x 30 cm haben. Nähen Sie den doppelten Saum an den Ecken mit dem Überwendlingsstich fest.

2 Schlagen Sie an beiden langen Kanten des Klappenteils aus Jeansstoff 1 cm um; bügeln Sie den Umschlag. Das Stoffteil sollte 20 x 28 cm groß sein. Legen Sie das Jeansstoffteil links auf links auf das gemusterte Klappenteil, sodass die unversäuberten Kanten aufeinanderliegen und der gemusterte Stoff einen 2 cm breiten Rand um die drei gesäumten Kanten des Jeansstoffs bildet. Steppen Sie dicht an den drei Kanten des Jeansstoffs entlang.

3 Vorder- und Rückseite an der Unterkante rechts auf rechts zusammenstecken, 1,5 cm breit zusammennähen und die Naht auseinanderbügeln. Nun Vorder- und Rückseite an den Seitenkanten rechts auf rechts zusammenstecken, sodass die oberen Kanten aufeinanderliegen und die eben genähte Naht 1 cm über der Falte an der Unterkante ist. In eine Seitennaht, nahe an der Oberkante, nach innen zeigend ein Label einfügen und feststecken. Die Seiten 1,5 cm breit zunähen, an den Ecken die Nahtzugaben abschneiden und die Nähte auseinanderbügeln. Beide Futterteile rechts auf rechts an den Seiten und unten zusammenstecken, an den drei Kanten 1,5 cm breit zusammennähen (den Stoff in den Ecken drehen). Unten an den Ecken die Nahtzugaben abschneiden, an den Oberkanten von Hauptstoff und Futter je 1,5 cm umschlagen und diesen Teil bügeln.

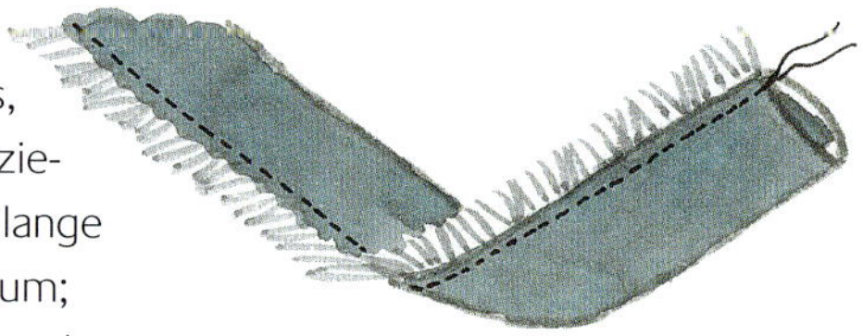

4 Fransen Sie für den Riemen eine der langen Kanten des Riementeils aus, indem Sie mit einer Stecknadel die Längsfäden des Stoffes einzeln herausziehen und auf einer Breite von 3 – 5 cm entfernen. Schlagen Sie die andere lange Kante um ein Drittel der Breite des nicht ausgefransten Teils des Riemens um; bügeln Sie den umgeschlagenen Teil. Schlagen Sie nun die gleiche Breite noch mal um, sodass der Riemen drei Lagen bekommt. Steppen Sie an der langen Kante des Riemens, dicht an der ausgefransten Kante, entlang.

5 Stecken Sie die Enden des Riemens auf der linken Stoffseite des rückwärtigen Hauptstoffteils an beiden Seiten der umgeschlagenen Oberkante fest, sodass sie die Rückseite um 1,5 cm überlappen. Der ausgefranste Rand sollte dabei nach außen zeigen. Legen Sie nun die Klappe, mit der Jeansseite nach unten, über die Enden des Riemens, sodass die unversäuberten Kanten die umgeschlagene Oberkante des rückwärtigen Teils um 1,5 cm überlappen. Stecken Sie sie fest, und heften Sie durch die Enden des Riemens, die Klappe und die Hauptstoffrückseite.

6 Wenden Sie den Hauptstoff auf rechts und das Futter auf links, und schieben Sie das Futter in den Hauptstoff. Stecken Sie Hauptstoff- und Futterstoffrückseiten an den umgeschlagenen Oberkanten zusammen; klemmen Sie dabei die Enden des Riemens und die Klappe dazwischen ein. Stecken Sie die umgeschlagenen Oberkanten der Vorderseiten von Hauptstoff und Futterstoff zusammen. Steppen Sie dicht an der Kante den gesamten oberen Rand zusammen.

7 Entfernen Sie alle sichtbaren Heftfäden. Beziehen Sie die Knöpfe (s. S. 119), und nähen Sie sie von Hand auf die Klappe. Fügen Sie nach Belieben auch Buttons hinzu.

Variation

Dieses clevere Projekt birgt eine zusätzliche Überraschung, wenn Sie es ganz zusammengefügt haben – es sind eigentlich zwei Taschen in einer! Wenn Sie die Tasche auf links wenden, werden Sie herausfinden, dass es eine Wendetasche ist. Wählen Sie deshalb den Stoff für das Futter mit Bedacht aus, dann haben Sie eine weitere tolle Tasche für Ihre Sammlung. Sie können auf der Innenseite der Tasche Applikationen oder Zackenlitzen aufnähen, um sie noch besonderer zu machen.

Grundlagen des Nähens

Die Idee, die hinter diesem Buch steckt, besteht darin, aufregende Projekte aus Dingen zu verwirklichen, die Sie bereits besitzen. Deshalb sind die verwendeten Werkzeuge und die angewandten Techniken ebenso simpel wie das Material.

Werkzeuge

Für die vorgestellten Projekte benötigen Sie nur wenige Werkzeuge. Eine Nähmaschine wird zwar gebraucht, es kann aber ein sehr einfaches Modell sein. Darüber hinaus benötigen Sie noch Folgendes:

* Ein Dampfbügeleisen plus Bügelbrett
* eine Schneiderschere, um Stoff zu schneiden
* eine kleine, spitze Schere, um Fäden ab-, in Nahtzugaben hinein- oder etwas zurechtzuschneiden
* ein Maßband
* einen Kreide- oder Markierstift, der entweder nach ein paar Tagen verblasst oder abgewischt werden kann
* Stecknadeln und Nähnadeln, mittlere Größen sind hier sinnvoll
* Sticknadeln
* ein langes Lineal und einen Stift

Faden und Stickgarn

Neben Stoff und Kurzwaren, wie Reißverschlüssen und Knöpfen (s. S. 9), ist Nähfaden unverzichtbar. Idealerweise verwendet man Synthetikfaden für Synthetikstoffe, Baumwollfaden für Baumwollstoffe und Seidenfaden für Seidenstoffe. Die Farbe sollte so gut es geht der Farbe des Stoffes entsprechen.

Für Stickereien können Sie verwenden, was immer Sie gerade zur Hand haben, aber wenn Sie etwas kaufen wollen, sind hier die wichtigsten Kategorien, aus denen Sie wählen können:

* Sticktwist auf dem Strang: Man kann die sechs Fäden trennen und einen, zwei oder drei davon verwenden.
* glänzendes oder mattes Stickgarn und Perlgarn
* Stickwolle, Persisches Garn und Gobelingarn

Gefilzte Wollstoffe

Aus alten Pullovern kann man tolle Handtaschen anfertigen, vor allem, wenn sie gefilzt sind. Filzen bedeutet, dass die Wollfasern stark geschrumpft und miteinander verschmolzen sind – ideal für Blumen zur Verschönerung von Taschen (s. S. 16). Die Kanten fransen nicht aus und müssen nicht gesäumt werden. Wenn Sie selbst einen Stoff filzen möchten, achten Sie darauf, dass er aus 100 Prozent Schurwolle besteht; synthetisch hergestellte Fasern filzen nicht. Waschen Sie das Kleidungsstück aus Schurwolle in der Waschmaschine bei höchster Temperatur. Es wird eingehen und diesen herrlichen verfilzten Look bekommen.

WICHTIG

Bei den Maßangaben ist immer zuerst die Breite angegeben.

Zuschneiden

Die Anleitungen in diesem Buch basieren hauptsächlich auf Rechtecken. Schneiden Sie die Teile in der angegebenen Größe aus. Legen Sie den Stoff so, dass der Fadenlauf auf den Rechtecken entweder der Länge oder der Breite nach verläuft.

Wenn die Oberkante eines Stoffteils länger ist als seine Unterkante oder umgekehrt und die Seiten keine Kurven aufweisen, dann ist bei den Materialangaben ein Rechteck mit der längeren Kante angegeben, und es folgt eine Schritt-für-Schritt-Anleitung, wie man die Seiten abschrägt. Das ist nicht schwer – Sie markieren einfach die Breite, die Ober- und Unterkante haben sollen, und zeichnen dann gerade Linien zwischen den Kanten ein. Achten Sie darauf, dass die Mitte von Ober- und Unterkante dabei auf derselben Linie ist.

Wenn die Form Kurven hat, wird eine Vorlage verwendet, um das Rechteck in die richtige Form zu bringen. Sie können die Vorlagen (alle hinten im Buch) abpausen, fotokopieren und vergrößern (s. S. 122). Dann schneiden Sie sie aus, stecken Sie sie auf dem Stoff fest und schneiden den Stoff entlang der Vorlage aus.

Einlagen

Je nach Schnittmuster und Stoff benötigen manche Taschen Einlagen, um Volumen oder Festigkeit zu erhalten. Bei einigen Projekten ist angegeben, dass Einlagen verwendet werden sollen, aber Sie können auch welche für andere Projekte verwenden, wenn Sie sich einen dünnen Stoff ausgesucht haben. Hier habe ich meist alten Stoff als Einlage verwendet, der knapp innerhalb der Saumlinie an den Hauptstoff geheftet wird. Man kann Einlagen aber auch in verschiedenen Stärken zum Einbügeln oder Einnähen kaufen. Wenn ich keine Reststoffe nehme, greife ich auf Einlagen zum Einbügeln in mittlerer Stärke zurück. Wenn die Einlage auf den Stoff gebügelt oder genäht ist, behandeln Sie das Stück, als bestünde es aus nur einer Schicht. Wenn Sie die Nähte geschlossen haben, können Sie den Heftfaden entfernen. Einlagen zum Einbügeln zieht man an der Nahtzugabe vorsichtig vom Hauptstoff weg. Schneiden Sie die Nahtzugabe der Einlage dicht an der Naht ab, damit die Nähte nicht zu dick werden.

Nähen mit der Nähmaschine

Der Schlüssel zum erfolgreichen Nähen mit der Maschine besteht darin, langsam und gerade zu nähen. Lernen Sie, die Geschwindigkeit zu beherrschen, damit die Maschine Ihnen nicht davonläuft!

Der gerade Maschinenstich wird für Nähte verwendet (mit einer Stichlänge von 10 – 12 auf einer Skala von 1 – 20 und einer Stichbreite von 0).

Der Steppstich ist ein gerader Stich, der auf der rechten Seite des Stoffes verläuft. Da er sichtbar sein wird, ist es wichtig, in einer geraden Linie zu nähen. Für die Taschen in diesem Buch sollte die Absteppung ca. 3 mm vom Rand entfernt sein.

Der Zickzackstich wird zum Versäubern der Nahtzugaben verwendet, damit sie nicht ausfransen (dies ist bei Taschen mit Futter nicht nötig), oder um einen Plattstich-Effekt zu erzielen, wenn Sie mit der Maschine sticken; die Stichweite variiert je nach Stoff und gewünschter Wirkung.

Heften

So können Stoffteile vor dem Zusammennähen vorübergehend zusammengehalten werden. Heften ist sinnvoll, wenn man Nähte oder Säume in ungeschickten Winkeln und Ecken anfertigen, ungerade Kanten zusammennähen oder oben eine weitere Lage hinzufügen muss und Stecknadeln nicht mehr entfernbar wären. Nähen Sie in langen Vorstichen (s. S. 120), und vernähen Sie am Ende den Faden nicht; zum Entfernen der Heftung schneiden Sie den Knoten am Anfang des Fadens ab und ziehen am anderen Ende. Die Maschine kommt zum Einsatz, wenn beim Einnähen eines Reißverschlusses eine Naht vorübergehend fixiert werden soll (s. S. 101); bei komplizierteren Werken ist es sinnvoller, von Hand zu heften.

Nähte

Hier wird erklärt, wie die einfachen Nähte angefertigt werden, die in diesem Buch verwendet werden.

1 Legen Sie zwei Stoffteile rechts auf rechts, sodass ihre Kanten genau aufeinanderliegen. Stecken Sie die Naht fest, indem Sie die Stecknadeln entweder im rechten Winkel dazu oder entlang der Naht befestigen (um die Nahtlinie zu verdeutlichen, sind in diesem Buch oft die Nadeln entlang der Naht dargestellt, aber im rechten Winkel eingesteckte Nadeln sind leichter zu entfernen, außer Ihre Maschine kann gut über Stecknadeln nähen). Ist der Stoff dick oder die Naht ungerade, müssen die Stecknadeln dichter beisammen sein als auf einer geraden Naht auf dünnem Stoff.

2 Der Großteil der Nähte in diesem Buch hat eine Nahtzugabe von 1,5 cm; auch Schneiderinnen verwenden diese Breite, um eine stabile Naht zu erhalten, die aber nicht zu dick ist. Manchmal werden auch nur 1 cm oder 5 mm zugegeben. Unter „Nahtzugabe" versteht man den Stoffstreifen zwischen der Naht und der unversäuberten Kante oder eben das, was zur Naht an Stoff zugegeben wird.

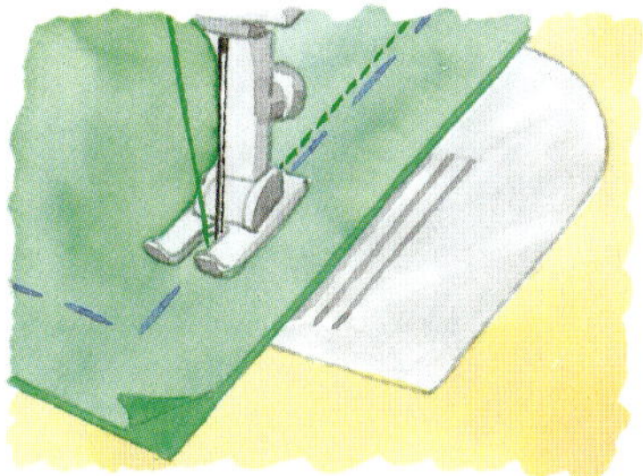

3 ▲ Heften Sie, wenn nötig, die Naht dicht an der Nahtlinie, knapp innerhalb der Nahtzugabe, und entfernen Sie die Stecknadeln. Die unversäuberten Kanten nach rechts, nähen Sie nun eine Naht in der Breite der Nahtzugabe. Um gerade zu nähen, benutzen Sie einen Kantenanschlag oder ein Stück Band, um die richtige Distanz zur Nadel einzuhalten.

4 Nähen Sie am Anfang und am Ende jeder Naht einige Stiche rückwärts, um den Faden zu vernähen. Nähen Sie an Rundungen langsam, damit Sie eine gleichmäßige Kurve erhalten und sich nicht von der Nahtlinie entfernen. Für Kurven eignet sich eine etwas kürzere Stichlänge.

5 Wenn Sie an eine Ecke gelangen, halten Sie 1,5 cm – oder wie breit Ihre Nahtzugabe ist – von der Kante entfernt an. Belassen Sie die Nadel an ihrer tiefsten Stelle, heben Sie den Nähfuß, und drehen Sie den Stoff, bis sich die neue Nahtlinie dem Nähfuß anpasst. Senken Sie den Nähfuß wieder, und nähen Sie entlang der neuen Nahtlinie weiter. ▼

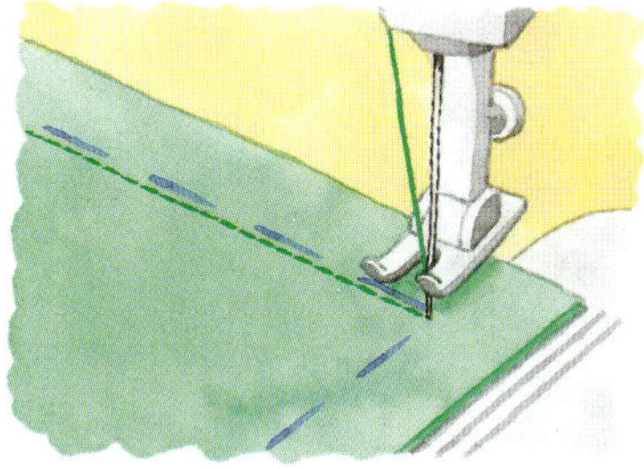

Nahtzugaben beschneiden und bügeln

Nahtzugaben müssen beschnitten und gebügelt werden, damit sie flach liegen.

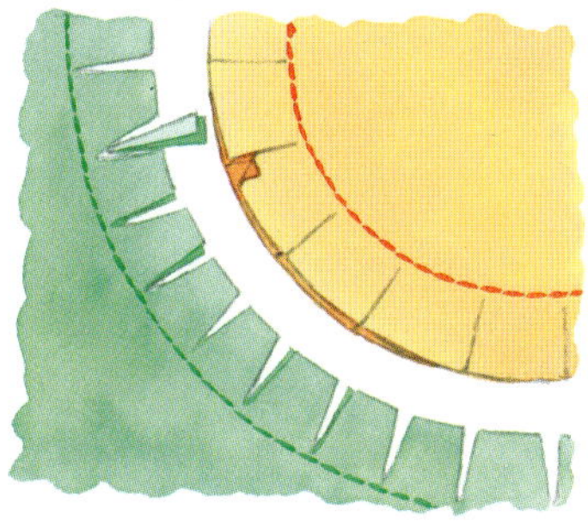

1 ▲ Schneiden Sie an Rundungen nach dem Nähen die Nahtzugaben ein. Geht die Krümmung nach innen, sollten die Einschnitte keilförmig sein. Geht sie nach außen, reichen einfache Schlitze.

2 ▲ Schneiden Sie an einer Spitze die Nahtzugaben an diesem Punkt ab. An rechtwinkligen Ecken schneiden Sie die Ecken der Nahtzugaben ab.

3 Wird ein gerades Stück Stoff an der Ecke eines anderen Stoffstücks befestigt, schneiden Sie in die Nahtzugabe an der Ecke des geraden Stücks. Der Einschnitt kann aufgeklappt, die Ränder können an den Kanten auf beiden Seiten der Ecke

des anderen Stücks angelegt werden. Dabei nicht durch die Naht schneiden! ▼

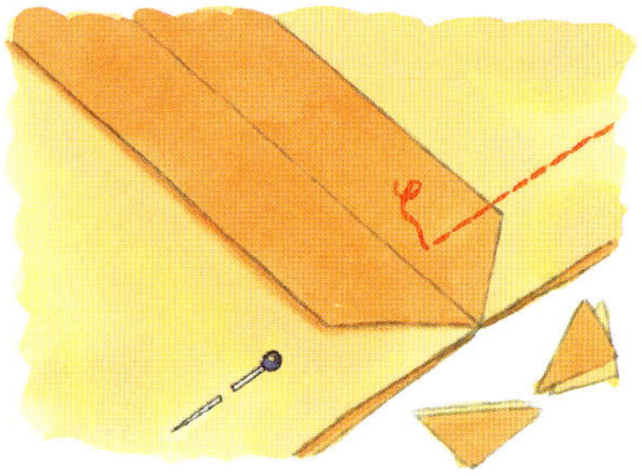

4 ▲ Sofern in der Anleitung nicht anders angegeben, bügelt man Nähte auf der linken Seite auseinander. Versuchen Sie nicht, sie von der rechten Seite zu bügeln, sonst können Falten im Stoff entstehen . Wenn Sie zwei Stoffteile, die schon Nähte haben, zusammennähen, bügeln Sie die vorhandenen Nähte auseinander, schneiden die Ecken der Nahtzugabe ab und legen die Nähte genau aufeinander, bevor Sie die Stoffteile für die neue Naht zusammenstecken. Die Nahtzugaben der alten Nähte müssen flach liegen, wenn Sie die neue Naht schließen.

Raffen

Das Zusammennähen von Stoffteilen mit unterschiedlicher Breite wird durch Raffen des breiteren Stücks erleichtert.

1 Fertigen Sie an das breitere Stück von Hand oder mit der Maschine zwei Reihen Heftstiche innerhalb der Nahtzugabe an; verknoten Sie an einem Ende den Faden, das andere lassen Sie lang. Legen Sie die beiden Stoffteile rechts auf rechts, und stecken Sie sie an den Seiten zusammen.

2 Ziehen Sie vorsichtig an den beiden unverknoteten Enden bzw. an den Unterfäden der Maschinenheftung. Sobald sich der Stoff rafft, schieben Sie ihn über die Fäden, bis beide Stücke die gleiche Breite haben. Verteilen Sie die Raffungen gleichmäßig, und stecken Sie die beiden Teile zusammen; die Abstände zwischen den Stecknadeln sollten klein sein. ▼

3 Legen Sie den gerafften Teil beim Zusammennähen nach oben, um zu prüfen, ob die Raffungen gleichmäßig sind.

Futter

Das Futter wird in der Regel auf die gleiche Weise hergestellt und hat die gleiche Größe wie die Tasche. Je nach Taschendesign gibt es zwei Möglichkeiten der Befestigung des Futters an der Tasche:

Bei der ersten Methode wird das auf rechts gedrehte Futter in die auf links gedrehte Tasche gesteckt, sodass die rechten Seiten aufeinanderliegen. Wenn ein Label, eine Knopfschlinge oder ein Henkel in die Naht eingearbeitet werden, müssen diese nach innen zeigen. Wenn die Naht geschlossen ist, wird die ganze Tasche durch die Öffnung unten am Futter auf rechts gedreht. Dann werden die Kanten der Öffnung eingeschlagen, festgesteckt und mit dem Überwendlingsstich geschlossen.

Bei der zweiten Methode werden die oberen Kanten der Tasche und des Futters eingeschlagen und gebügelt. Das auf links gedrehte Futter wird in die auf rechts gedrehte Tasche gesteckt, die linken Seiten liegen aufeinander. Label, Knopfschlingen oder Henkel werden so in die Naht eingefügt, dass sie nach außen zeigen. Das Futter wird oben an der Tasche festgesteppt oder mit dem Überwendlingsstich befestigt (Henkel müssen festgesteppt werden, da sie der Überwendlingsstich nicht ausreichend fixiert).

Henkel

Henkel können auf mehrere Arten hergestellt werden. Die Enden der Henkel werden versäubert, wenn sie auf der fertigen Tasche zu sehen sind, bleiben aber unversäubert, wenn sie in einen Saum eingearbeitet werden.

▲ **Henkel mit unsichtbarer Naht** sind elegant. Falten Sie die Stoffteile der Länge nach rechts auf rechts. Stecken Sie die lange Kante und ein Ende mit 5 mm Nahtzugabe fest, und nähen Sie sie zusammen, sodass ein Stoffschlauch entsteht. Bügeln Sie die Naht. Drehen Sie den Henkel auf rechts, indem Sie das zugenähte Ende über das stumpfe Ende einer Stricknadel stülpen, und ziehen Sie den Stoffschlauch daran herunter. Sobald das Ende zu sehen ist, ziehen Sie es ganz ab. Bügeln Sie den Henkel. Sind die Enden des Henkels hinterher sichtbar, schlagen Sie 5 mm des offenen Endes ein; schließen Sie es mit dem Überwendlingsstich.

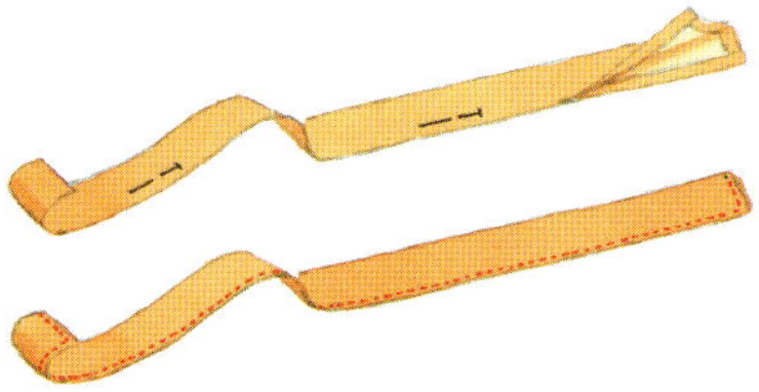

▲ **Ein gesteppter Henkel** ist die beste Lösung, wenn der Stoff dick ist oder der Henkel so schmal, dass es schwierig wäre, ihn nach dem Zusammennähen auf rechts zu wenden. Schlagen Sie an den langen Kanten und an den Enden, falls sie an der Tasche sichtbar sein sollten, 5 mm um. Falten Sie die Henkel dann der Länge nach links auf links, und bügeln Sie sie. Stecken Sie sie dann nahe an den umgeschlagenen Kanten zusammen, und steppen Sie die Naht zu. Wenn Sie die Henkel an der Tasche befestigen, sollten Sie darauf achten, dass die Kante ohne Naht nach außen zeigt.

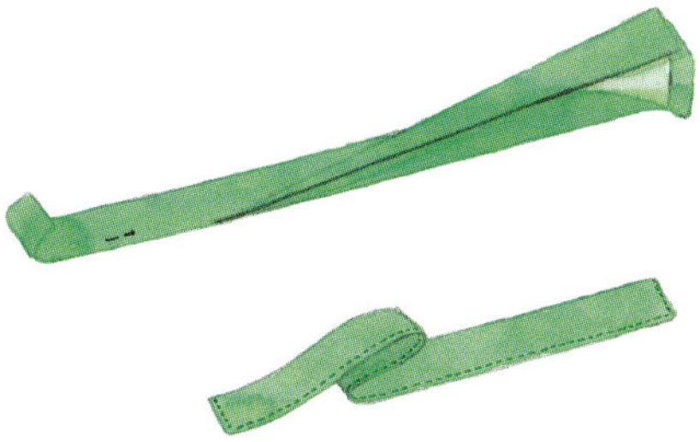

▲ **Ein doppellagiger gesteppter Henkel** ist gut bei dünnem Stoff, da die Nahtzugaben nicht zu sehen sind. Die langen Kanten so nach innen falten, dass sie sich in der Mitte treffen; bügeln. Sind die Enden auf der Tasche sichtbar, an den Enden 5 mm umschlagen. Den Henkel der Länge nach falten, nahe an den Kanten zusammenstecken und zusteppen. Die Kante ohne Naht nach außen befestigen.

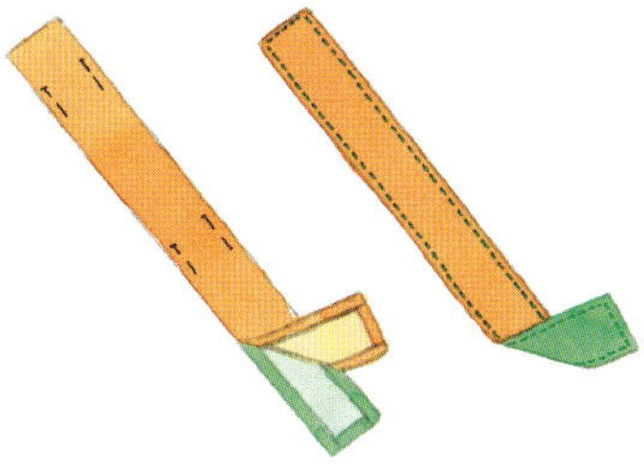

▲ **Ein zweiteiliger Henkel** ist sinnvoll, wenn Sie für Ober- und Unterseite verschiedene Stoffe verwenden. Sie können 5 mm an den langen Kanten beider Teile und den Enden, wenn diese sichtbar sein werden, umschlagen und bügeln, die Teile links auf links zusammenstecken und wie oben gezeigt absteppen. Oder Sie fügen die Teile rechts auf rechts zusammen und wenden sie dann.

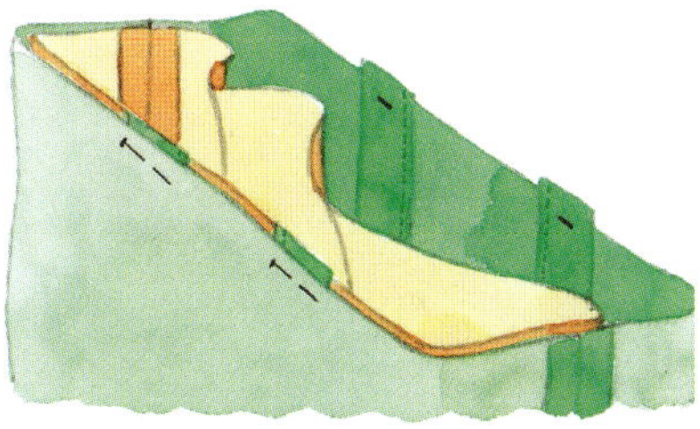

▲ **Um Henkel in eine Naht einzufügen,** steckt man sie zwischen zwei Stofflagen (meist Hauptstoff und Futter), die rechts auf rechts zusammengenäht werden. Die Enden der Henkel zeigen dabei nach außen, die Henkel selbst nach innen, damit sie aus der Naht herausschauen, wenn die Tasche auf rechts gewendet wird.

▲ **Um Henkel so zu befestigen, dass die Enden sichtbar sind,** stecken Sie die Enden außen an der fertigen Tasche fest. Steppen Sie an jedem Ende ein Rechteck mit einem Kreuz in der Mitte oder ohne.

Knöpfe

Knöpfe mit Stoffbezug kann man herstellen, indem man einen Ösenknopf oder einen Knopfrohling aus einem entsprechenden Set bezieht.

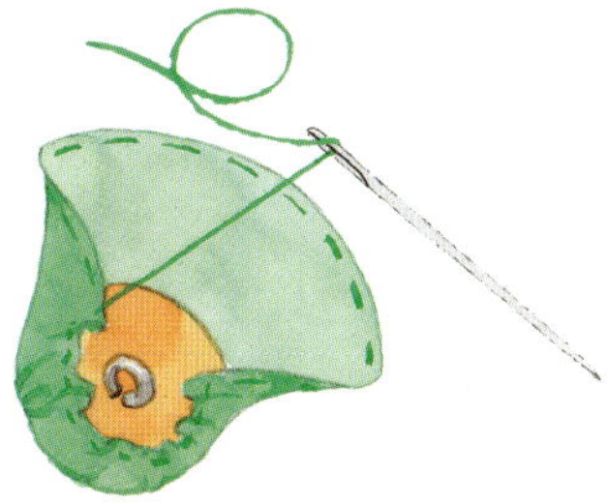

▲ **Um einen Ösenknopf zu beziehen,** schneiden Sie aus dem Stoff einen Kreis aus, der mindestens 5 mm (1 cm Durchmesser) größer ist als der Knopf. Raffen Sie den Rand (s. S. 118). Stülpen Sie den Stoffkreis über den Knopf; nähen Sie von Hand von einer Seite zur anderen, und ziehen Sie dabei den gerafften Stoff fest, bis der Stoff auf der Vorderseite glatt ist.

▲ **Um Knopfrohlinge zu beziehen,** wird ein Stoffkreis ausgeschnittenen, dessen Durchmesser etwas weniger als doppelt so groß ist wie der des Knopfes; die Ränder raffen (s. S. 118). Den Kreis über den Rohling stülpen, die Ränder bleiben unten an den Häkchen hängen. Die hintere Scheibe des Rohlings festdrücken, um die unversäuberten Kanten zu verdecken.

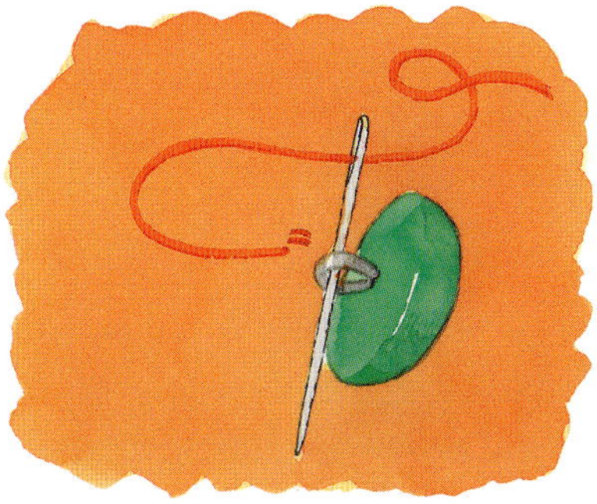

▲ **Um einen Ösenknopf festzunähen,** machen Sie ein paar Steppstiche auf der rechten Seite des Stoffes, dann kleine Stiche durch die Öse am Knopf. Vernähen Sie den Faden auf der linken Stoffseite.

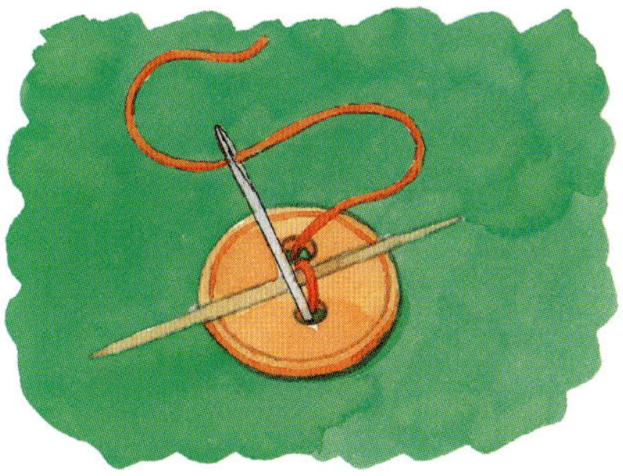

▲ **Um Knöpfe mit Löchern festzunähen,** machen Sie einige Steppstiche auf der rechten Seite des Stoffes. Führen Sie die Nadel durch eines der Löcher nach oben. Legen Sie eine Stecknadel, einen Zahnstocher oder ein Streichholz auf den Knopf, wenn er nicht rein dekorativ ist. Stecken Sie die Nadel durch das gegenüberliegende Loch; führen Sie sie nach unten auf die linke Seite des Stoffes, dann durch das erste Loch wieder nach oben und durch das zweite Loch zurück nach unten. Wiederholen Sie das mehrmals. Hat der Knopf vier Löcher, führen Sie die Nadel durch eines der anderen Löcher nach oben, und wiederholen Sie dies für dieses Löcherpaar, oder Sie führen die Stiche diagonal aus. Am Ende führen Sie die Nadel durch das Loch nach unten, nicht aber durch den Stoff. Entfernen Sie die Stecknadel o. Ä., heben Sie den Knopf an, und umwickeln Sie mit dem Faden mehrmals den „Fuß", den Sie durch das Festnähen unter dem Knopf hergestellt haben. Vernähen Sie den Faden mit wenigen kleinen Stichen in diesen Fuß.

Knopfschlaufen

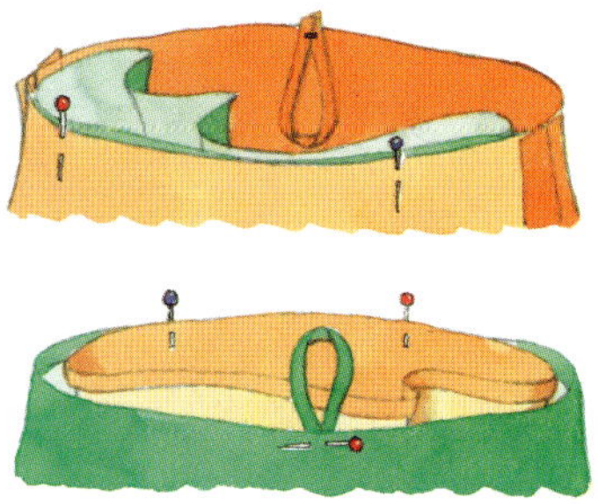

▲ Aus Stoff (s. S. 36, Schritt 4), Band (s. S. 91, Schritt 2) oder Kordel (s. u.) hergestellt, werden Knopfschlaufen in Nähte eingesetzt, bevor diese geschlossen werden. Werden bei der Naht die Stoffteile rechts auf rechts zusammengenäht, fügt man die Schlaufe so ein, dass sie nach innen zeigt (s. o.; obere Abb.) – dadurch ragt sie aus der Naht hervor, wenn man den Stoff auf rechts dreht. Verbindet die Naht zwei Teile mit umgeschlagenen Kanten, die links auf links zusammengenäht werden, muss die Schlaufe nach außen zeigen (s. o.; untere Abb.).

▲ Für eine Knopfschlaufe aus Kordel brauchen Sie Hilfe – eine weitere Person oder Ihre Zähne. Schneiden Sie aus Stickgarn oder Wolle das Vierfache der gewünschten Länge der fertigen Kordel ab. Falten Sie diese Länge auf die Hälfte, und halten Sie beide Enden in der linken Hand. Stecken Sie den Zeigefinger der rechten Hand in die Schlinge am anderen Ende und drehen Sie sie, bis sich das Garn oder die Wolle fest um Ihren Finger gedreht hat. Die Mitte des gedrehten Fadens festhalten lassen (oder selbst mit den Zähnen halten) und die Hände mit den Enden zusammenbringen. Die Mitte jetzt loslassen und zulassen, dass sich die beiden Hälften der Kordel ineinander verdrehen. Verknoten Sie die Enden.

Handstiche

Die wichtigsten Handstiche, die in diesem Buch verwendet werden, sind der Vorstich und der Überwendlingsstich. Außerdem werden für Verzierungen einfache Stickstiche verwendet, vor allem der Vorstich, der Rückstich und der Knötchenstich.

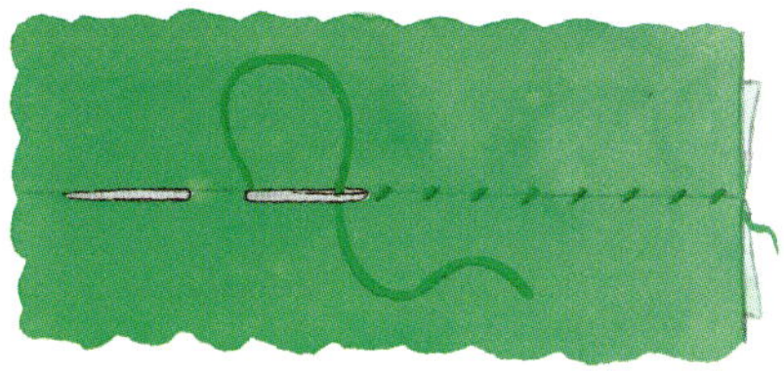

▲ **Überwendlingsstich:** ideal, um umgeschlagene Kanten, z. B. Nahtzugaben, diskret zusammenzunähen. Den Anfangsknoten in einem der Ränder verstecken. Die Nadel aus dem Umschlag heraus-, 1 – 2 mm weiter in den anderen Rand einstechen, innen weiterschieben, nach 5 mm herausführen. Auf der anderen Seite und bis zum Ende wiederholen.

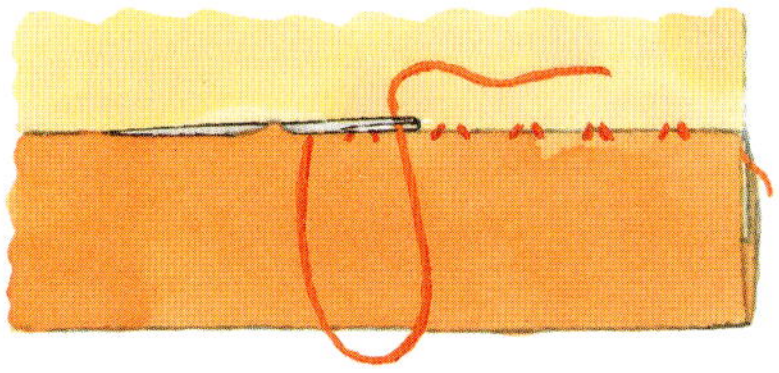

▲ **Mit demselben Stich** kann man eine umgeschlagene Kante an ein flaches Stoffteil nähen. Den Anfangsknoten in der Kante verstecken. Die Nadel durch den Stoffbruch herausführen und 1 – 2 mm weiter in das flache Teil stechen (nur wenige Stofffäden aufgreifen), dann 1 – 2 mm weiter in die gefaltete Kante. Im Umschlag 5 mm weiterschieben und herausführen. Bis zum Schluss wiederholen.

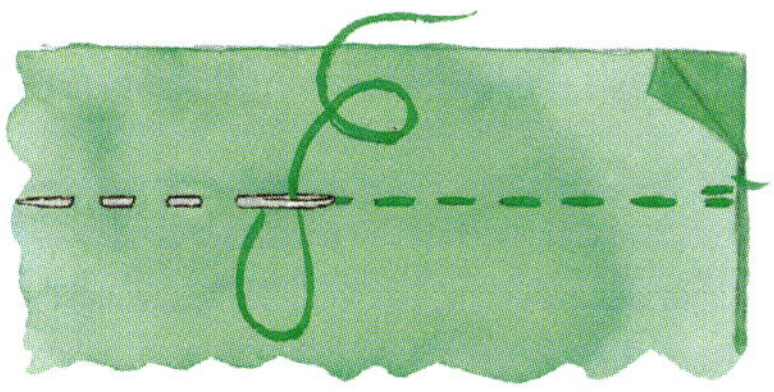

▲ **Der Vorstich** wird zum Raffen, Heften und für Stickereien verwendet. Den Faden mit einigen kleinen Stichen fixieren. Die Nadel mehrmals an der Nählinie von unten nach oben und wieder nach unten durch den Stoff führen, aus dem Stoff ziehen und das Ganze wiederholen. Stiche und Zwischenräume sollten die gleiche Größe haben. Bei Sashiko, einer Verziertechnik aus Japan, wird ein Vorstich verwendet, bei dem der Raum zwischen den Stichen kleiner ist als die Stiche selbst.

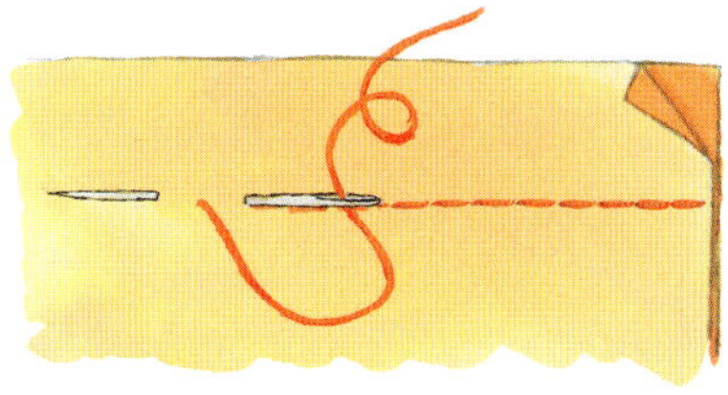

▲ **Rückstich:** geeignet, um durchgehende Linien zu sticken, strapazierfähige Nähte von Hand zu fertigen oder den Faden am Anfang und Ende einer von Hand genähten Linie zu vernähen. An der Nählinie von rechts nach links arbeiten; die Nadel von hinten nach vorne durch den Stoff führen, eine Stichlänge weiter rechts einstechen und eine Stichlänge links davon wieder nach oben bringen. Am linken Ende des vorherigen Stiches wieder einstechen; bis zum Ende wiederholen.

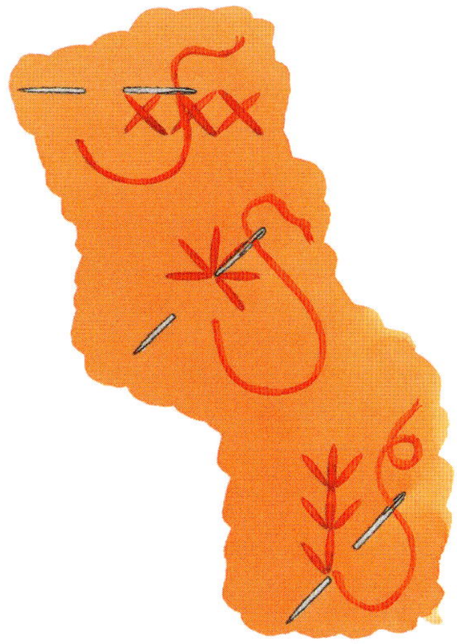

▲ **Gerade Stiche** in verschiedenen Anordnungen ergeben andere Stickstiche, wie beispielsweise den **Kreuzstich** (s. o.; obere Abb.), den **Spannstich** (s. o.; mittlere Abb.) oder den **Farnkrautstich** (s. o.; untere Abb.) – ihnen allen ist gemein, dass man mit der Nadel dort einsticht, wo der Faden zuvor schon herausgekommen ist – sowie etwa den **Plattstich.** Ich verwende diese Stiche oft für die Labels an den Taschen (s. S. 121).

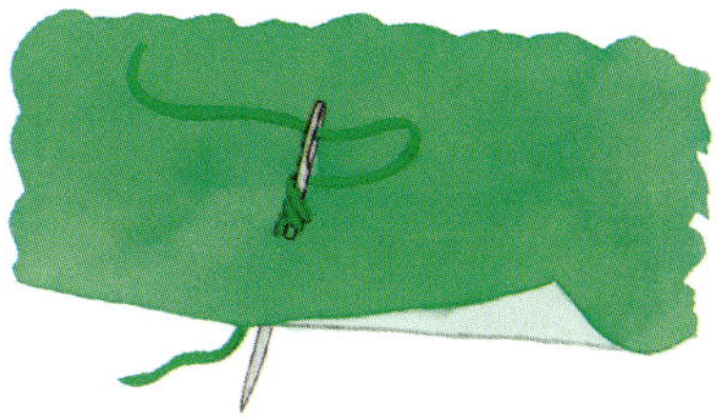

▲ **Für den Knötchenstich** stechen Sie mit der Nadel in den Punkt, an dem der Faden herauskommt, und wickeln ihn zweimal um die Nadel, bevor Sie wieder in den Stoff stechen (s. S. 23, Schritt 2).

Labels

Sie verleihen Taschen einen professionellen Designer-Look. Ich habe überall verschiedene Labels verwendet, manche mit Stickmotiven, andere mit kontrastierenden Stoffstreifen. Hier sehen Sie eine Auswahl von Motiven, die Sie verwenden können. Einige der Labels sind zweilagig, sie werden in eine Seitennaht eingefügt. Andere sind einlagig, sie werden auf den Stoff gesteppt.

▲ **Für ein Seidennaht-Label** schneiden Sie ein Stück Stoff in der gewünschten Länge plus 1 cm aus, das zweimal die gewünschte Breite plus 5 mm hat. Sticken Sie auf eine oder beide Hälften das Motiv, lassen Sie am Rand je 5 mm frei. Falten Sie das Label rechts auf rechts zusammen. Stecken Sie oben und unten eine Naht mit 5 mm Nahtzugabe fest; nähen Sie diese zusammen. Beschneiden Sie die Nahtzugaben auf 3 mm, wenden Sie das Label auf rechts, und bügeln Sie es. Liegen die Stoffteile der Tasche rechts auf rechts, wenn Sie das Label in die Seitennaht einfügen, müssen die unversäuberten Kanten des Labels nach außen zeigen, die gefaltete Kante nach innen: Wird die Tasche auf rechts gewendet, schaut das Label aus der Seitennaht hervor.

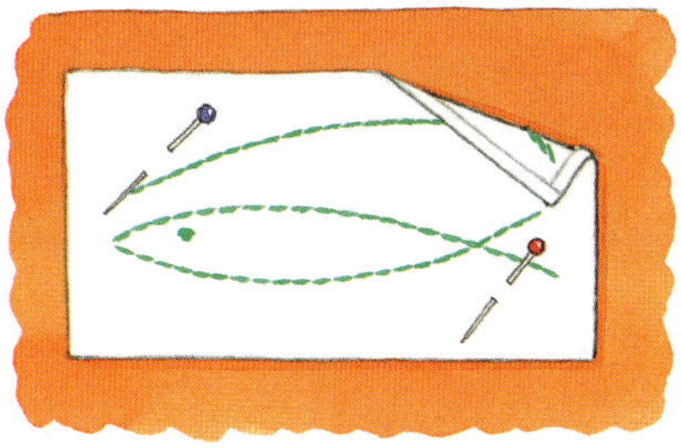

▲ **Für ein einlagiges Label** schneiden Sie ein Stück Stoff in der gewünschten Breite und Länge plus je 1 cm zu. Schlagen Sie an jeder Kante 5 mm um; bügeln Sie sie. Sticken Sie das Motiv auf, stecken Sie das Label auf der rechten Stoffseite der Tasche fest, und steppen Sie es an.

Stickmotive

Für die unten gezeigten Stickmotive werden folgende Stiche verwendet:
Abb. oben links: Spannstich mit Knötchenstich an den Enden sowie Rückstich als Stiel, sofern vorhanden
Abb. oben rechts: Knötchenstich sowie Rückstich für den Stiel, sofern vorhanden
Abb. unten links: Farnkrautstich mit Knötchenstich an den Enden sowie Rückstich für Stiele und Umrisse, sofern vorhanden
Abb. unten rechts: Rückstich mit Knötchenstich als Auge

◀▲ Stickmotive für Labels

Vorlagen

Einige der Vorlagen überlappen sich auf den Seiten, aber man kann sie anhand der Farbe unterscheiden. Kopieren Sie die Vorlage entweder in derselben Größe (wenn „tatsächliche Größe" dabeisteht) oder so, dass sie doppelte Breite und doppelte Länge hat (wenn „auf doppelte Größe vergrößern" dabeisteht). Schneiden Sie die Form auf der Kopie aus, stecken Sie die Vorlage auf Ihrem Stoff fest, und schneiden Sie um sie herum. Wenn eine Vorlage eine breit gestrichelte Linie aufweist, auf der „Stoffbruch" steht, dann zeigt die Vorlage nur die Hälfte des Stoffteils. Falten Sie den Stoff entsprechend dem Fadenlauf zur Hälfte, legen Sie die gestrichelte Kante der Vorlage genau an den Umbruch des Stoffes, und stecken Sie beides zusammen. Schneiden Sie dann durch beide Lagen (aber nicht entlang der Umbruchlinie!). Wenn Sie den Stoff danach auseinanderfalten, erhalten Sie das komplette Stoffteil.

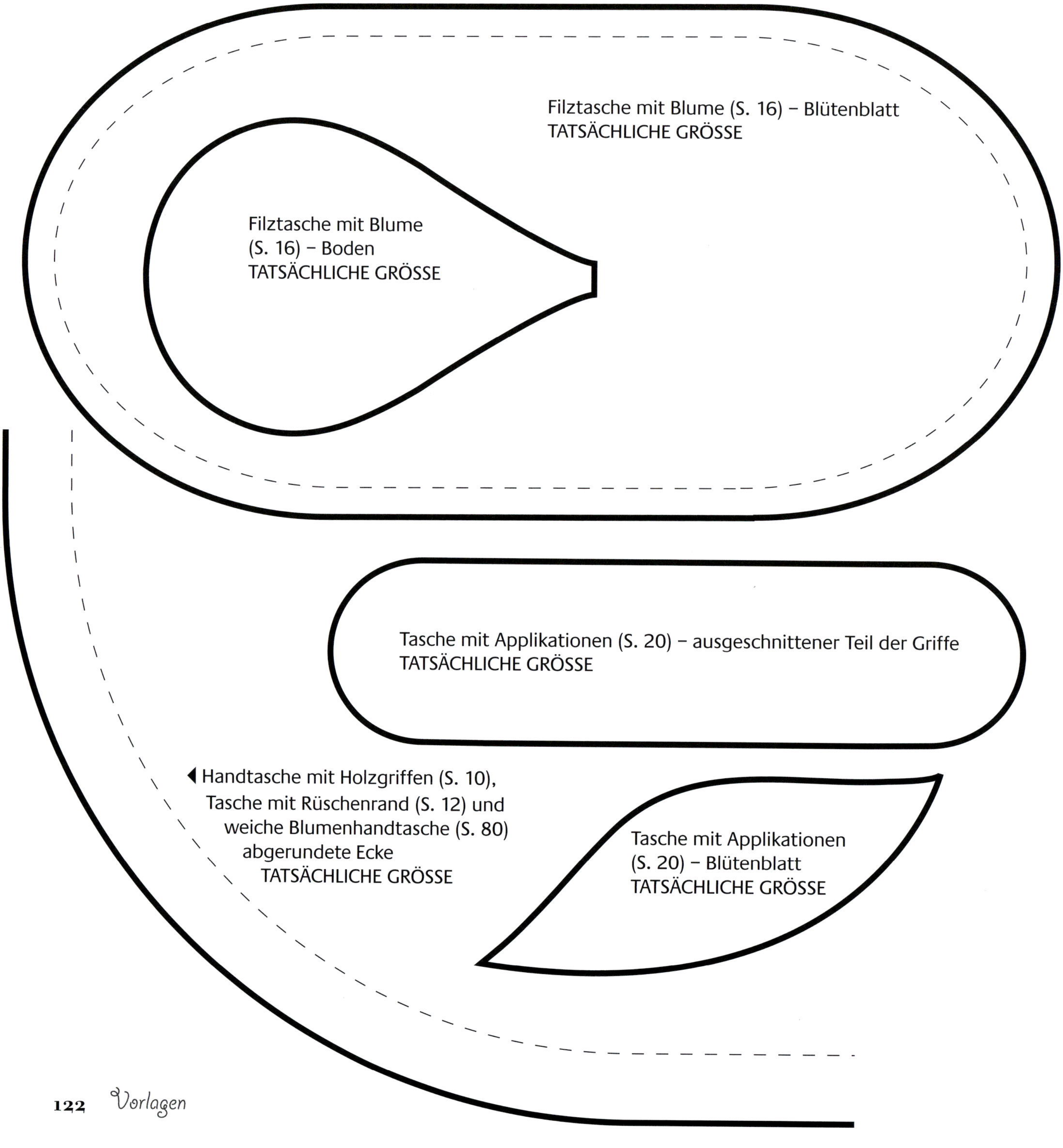

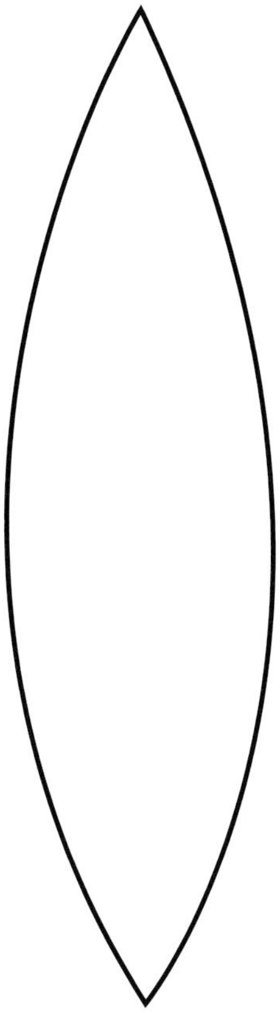

▲ Umhängetasche mit Blattmotiv (S. 34) – Blatt
AUF DOPPELTE GRÖSSE VERGRÖSSERN

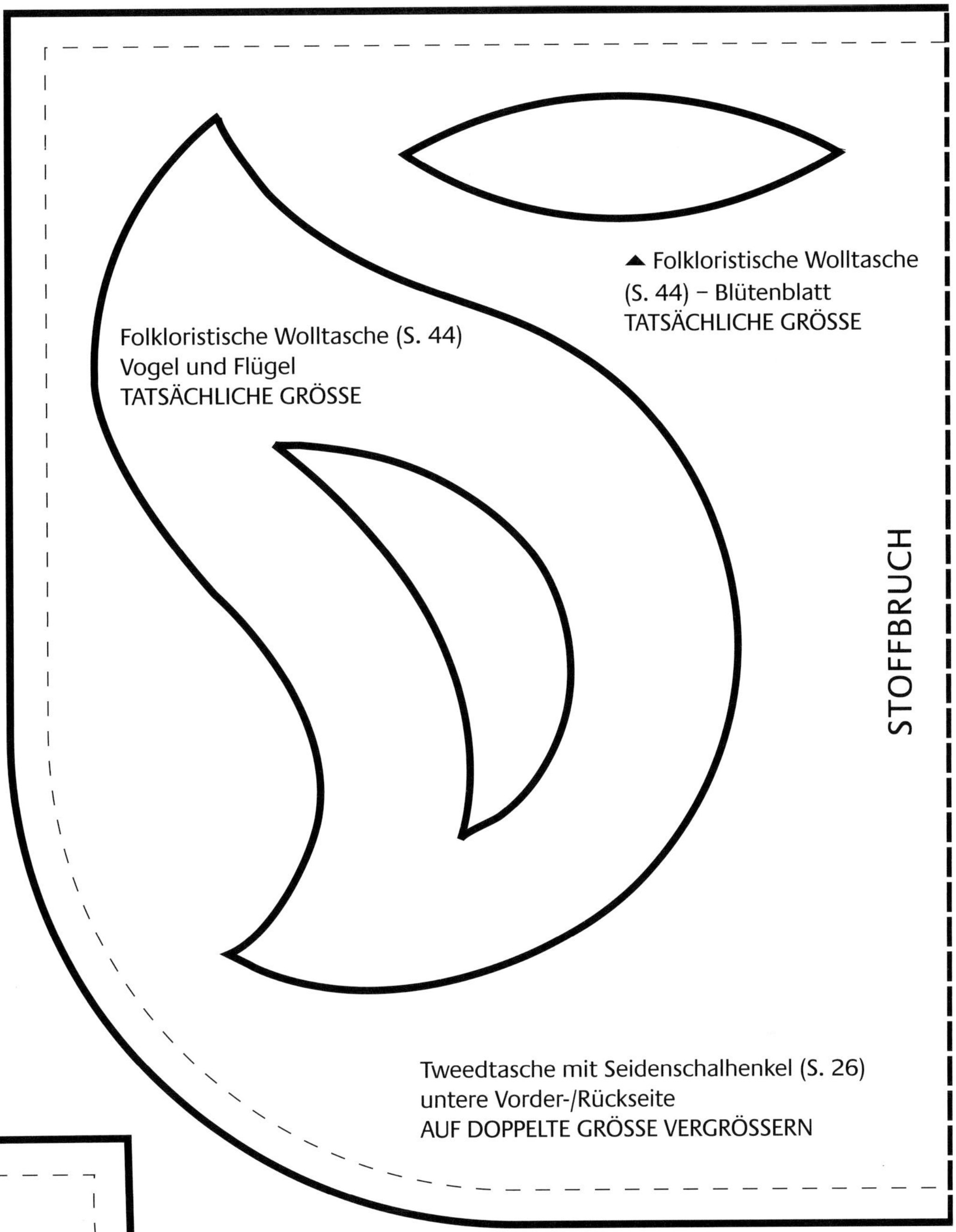

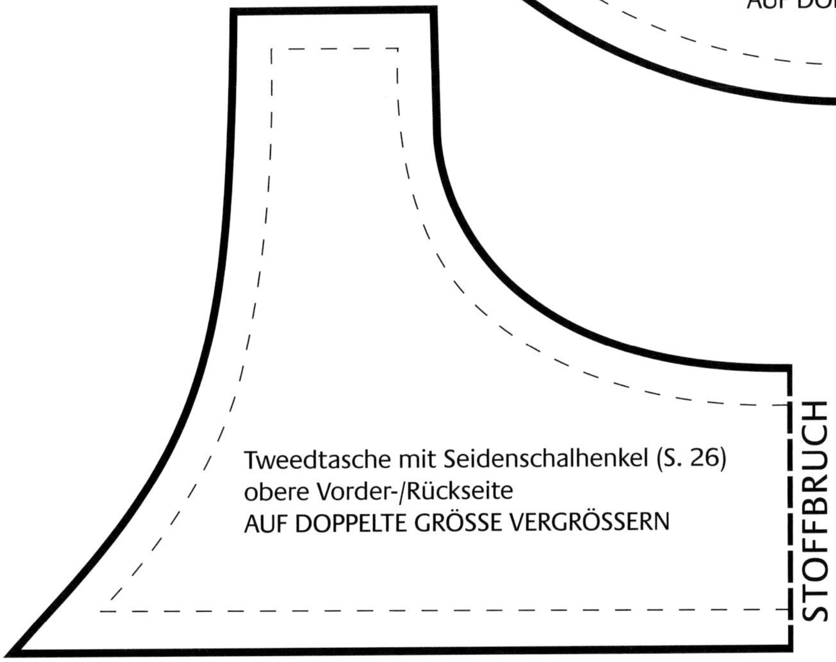

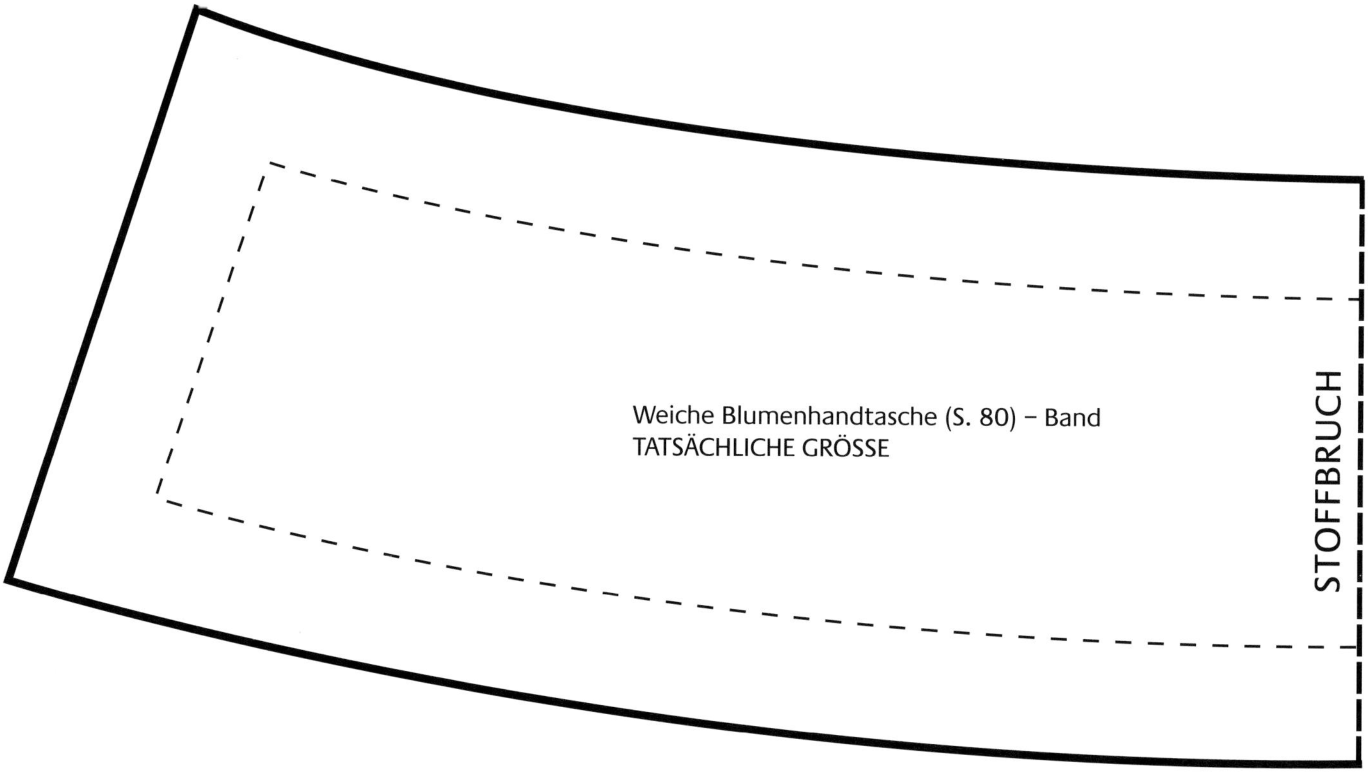
Weiche Blumenhandtasche (S. 80) – Band
TATSÄCHLICHE GRÖSSE
STOFFBRUCH

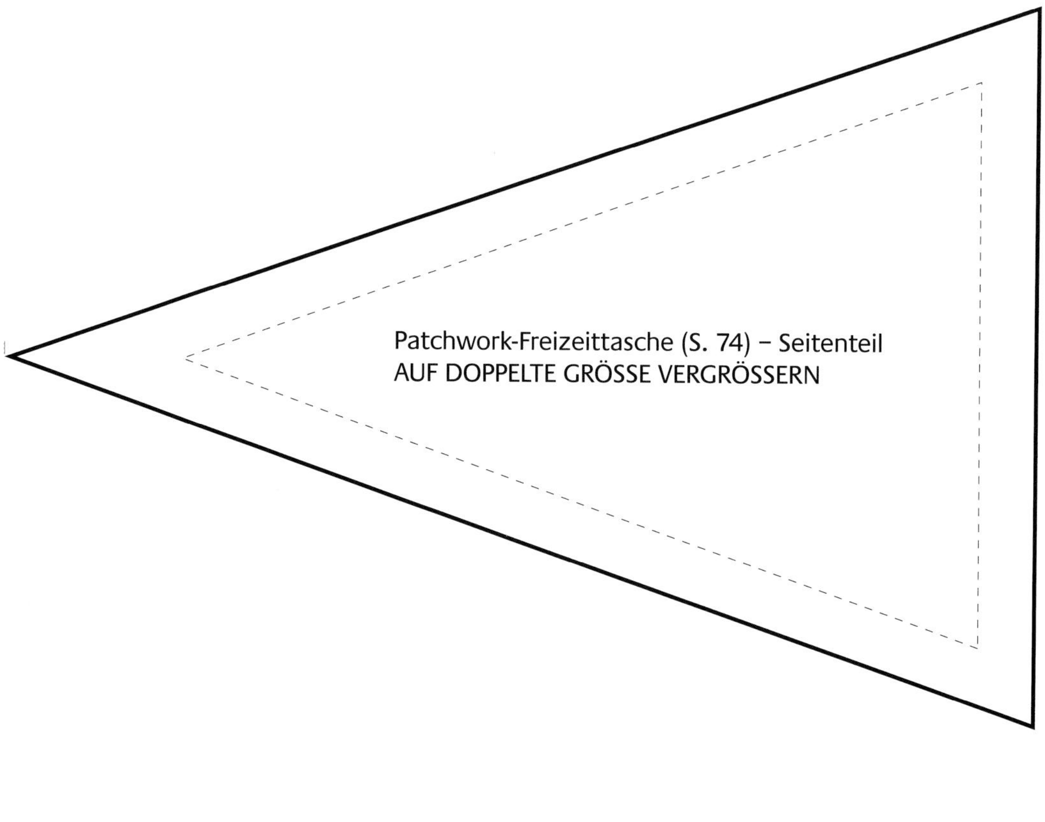
Patchwork-Freizeittasche (S. 74) – Seitenteil
AUF DOPPELTE GRÖSSE VERGRÖSSERN

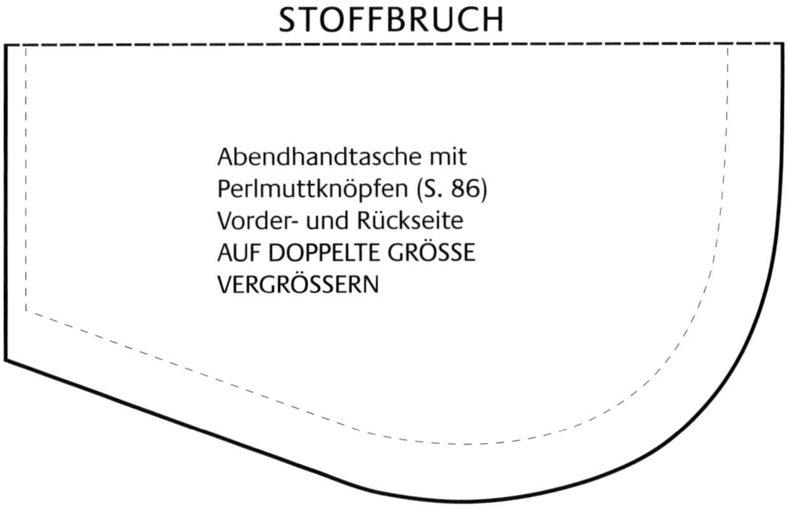

▼ Täschchen aus
Beanie-Mütze (S. 100)
Vogel (Vorder- und
Rückseite)
TATSÄCHLICHE GRÖSSE

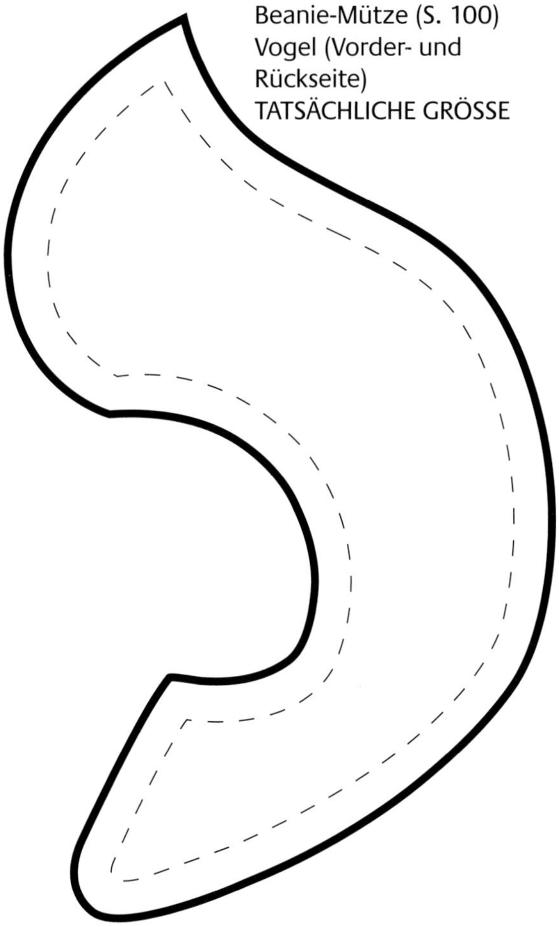

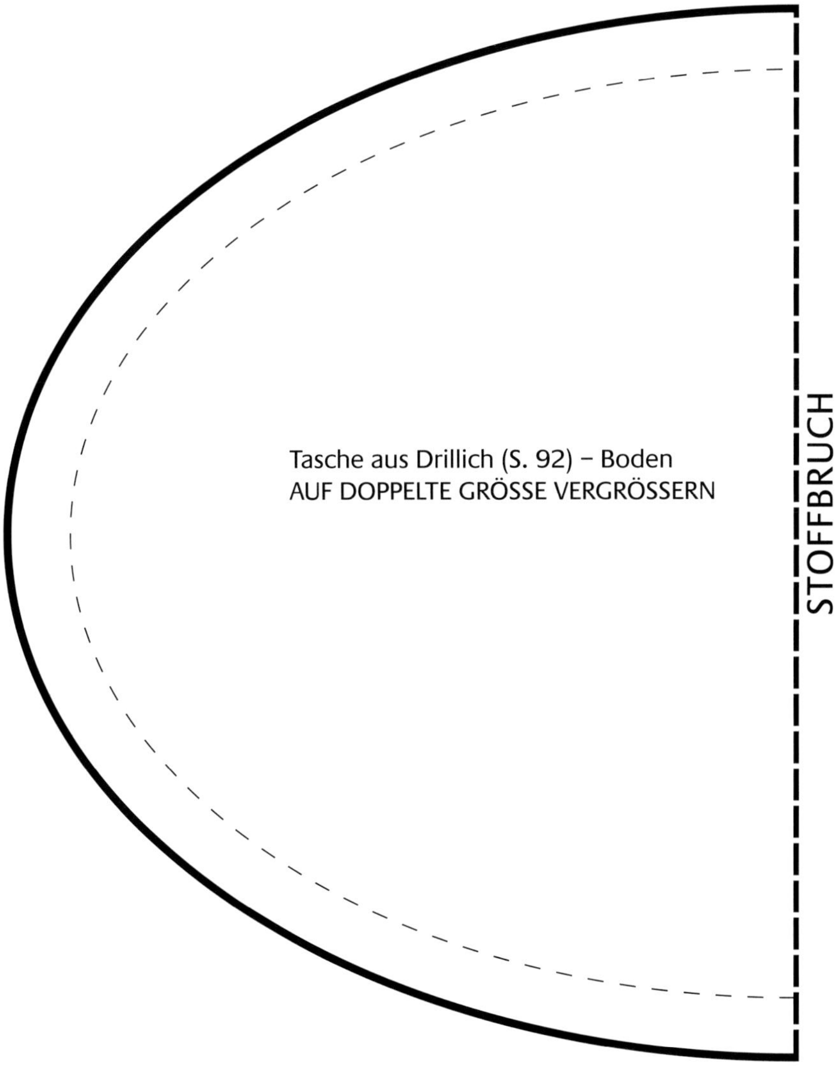

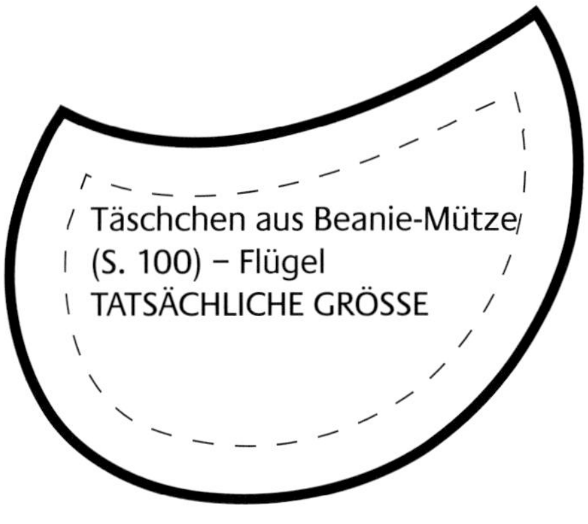

Eulentasche (S. 104)
Eulenflügel
TATSÄCHLICHE GRÖSSE ▶

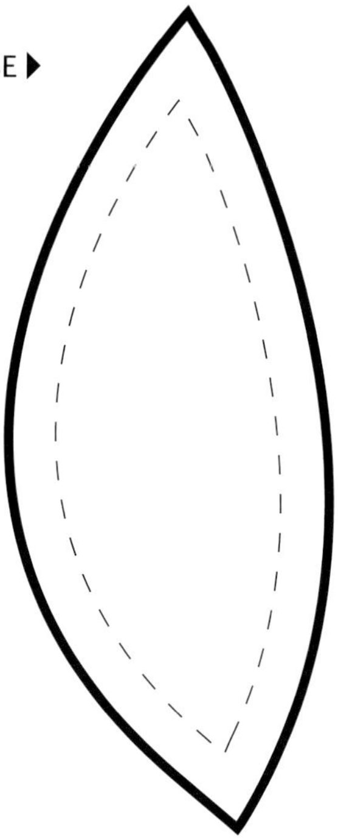

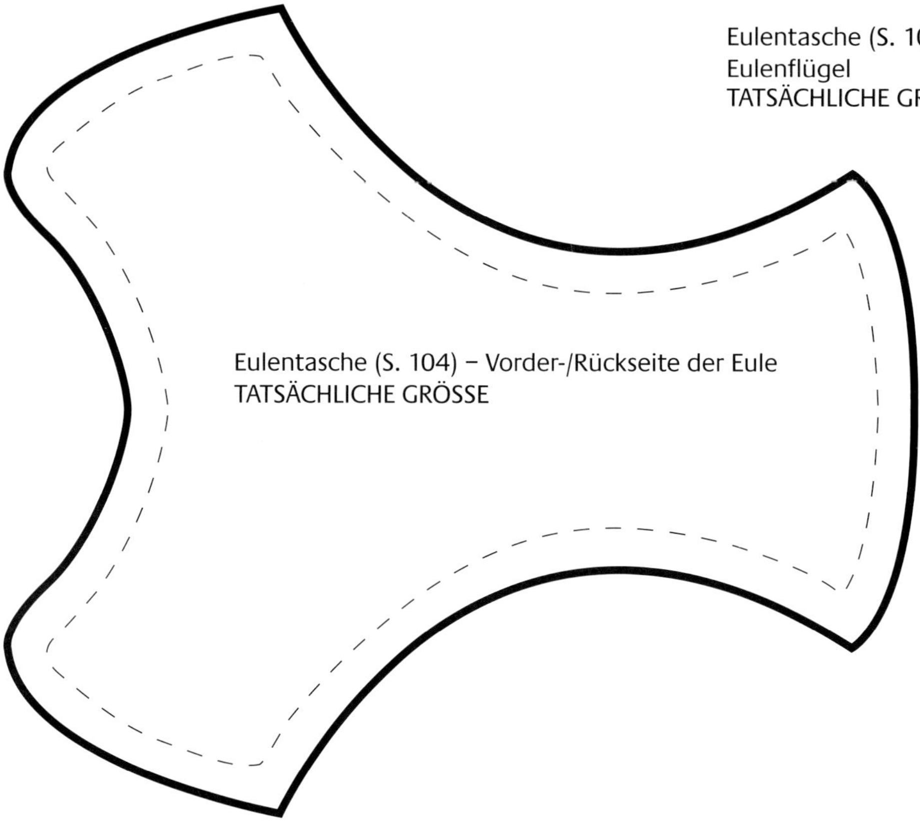

Eulentasche (S. 104) – Vorder-/Rückseite der Eule
TATSÄCHLICHE GRÖSSE

Eulentasche (S. 104) – Blatt
TATSÄCHLICHE GRÖSSE ▼

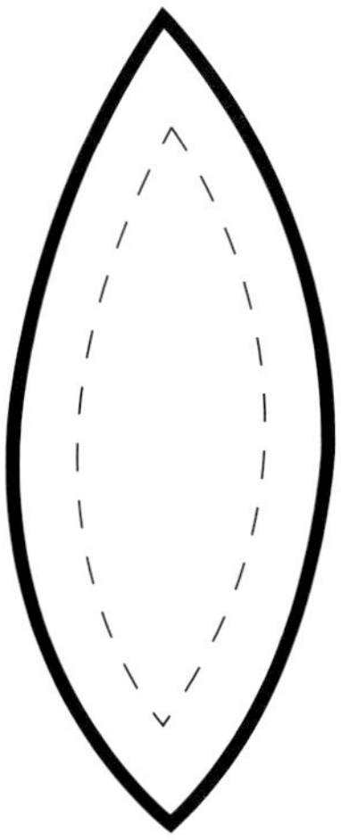

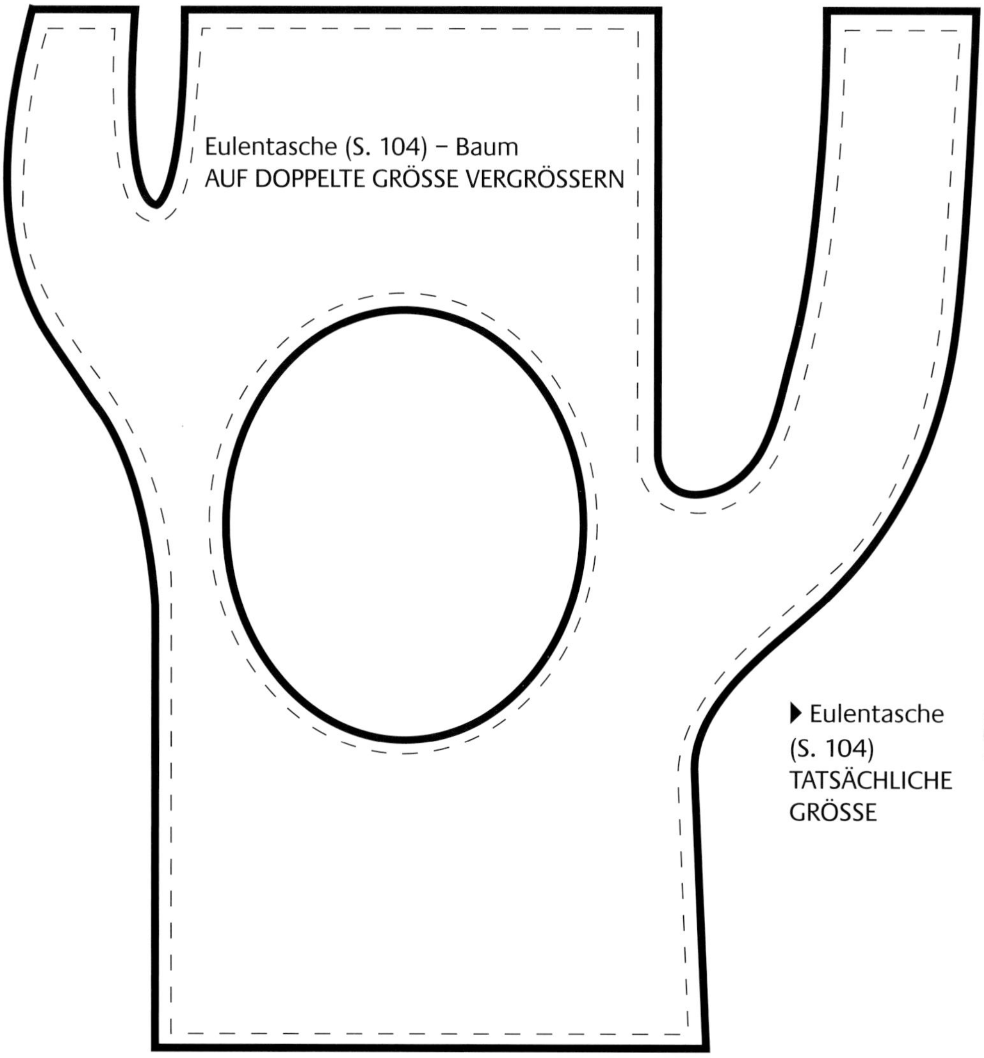

Eulentasche (S. 104) – Baum
AUF DOPPELTE GRÖSSE VERGRÖSSERN

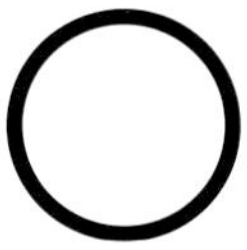

◀ Inneres Auge

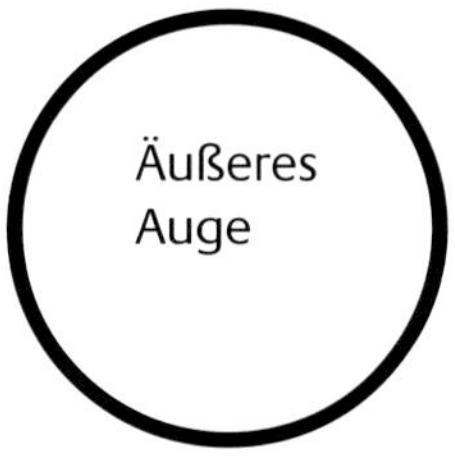

Äußeres Auge

▶ Eulentasche (S. 104) TATSÄCHLICHE GRÖSSE

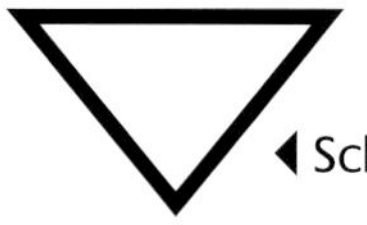

◀ Schnabel

Dank

Ich möchte allen danken, die zu diesem Buch beigetragen haben. Allen Mitarbeitern von CICO Books, vor allem Cindy, Pete, Sally, Alison und Barbara. Den Fotografinnen Carolyn Barber und Emma Mitchell sowie den Stylistinnen Rose Hammick und Catherine Woram danke ich für die wundervollen Fotografien und der Illustratorin Kate Simunek für die Illustrationen, die perfekt zum Stil dieses Buches passen.
Großer Dank gilt außerdem Ian für seine Ermutigung und seine endlose Unterstützung und natürlich Milly, Florence, Henrietta und Harvey für ihre Begeisterung für alles, was ich tue, und ihre konstruktive Kritik!

Register